Alexandra und Jobst Schlennstedt

111 Orte in der Lüneburger Heide, die man gesehen haben muss

111

emons:

Bibliografische Information der Deutschen Nationalbibliothek
Die Deutsche Nationalbibliothek verzeichnet diese Publikation
in der Deutschen Nationalbibliografie; detaillierte bibliografische
Daten sind im Internet über http://dnb.d-nb.de abrufbar.

Layout: Eva Kraskes, nach einem Konzept
von Lübbeke | Naumann | Thoben
Kartografie: altancicek.design, www.altancicek.de
Kartenbasisinformationen aus Openstreetmap,
© OpenStreetMap-Mitwirkende, ODbL
Druck und Bindung: Lensing Druck GmbH & Co. KG
Feldbachacker 16, 44149 Dortmund
Printed in Germany 2018
Erstausgabe 2016
ISBN 978-3-95451-844-9
Aktualisierte Neuauflage Juni 2018

Vorwort

Liebe Leser,
Schafe und Heide. Das war unsere Erwartungshaltung, als wir vor ein paar Jahren unseren ersten Urlaub in der Lüneburger Heide planten. Doch was wir zu sehen bekamen, war so viel mehr. Nicht nur die Urwüchsigkeit dieser so einzigartigen Landschaft begeisterte uns vom ersten Moment an. Wir entdeckten hier auch idyllische Bauernhöfe, farbenreiche Gärten, pittoreske Städtchen, eine vielfältige Museumslandschaft und – ganz besonders wichtig – gemütliche Cafés mit unglaublich leckeren hausgemachten Torten. Diese Region wollten wir noch viel besser kennenlernen – mit all ihren Facetten, ihren Highlights und verborgenen Überraschungen. Uns unter den vielen sehens- und erlebenswerten Orten für 111 zu entscheiden fiel uns nicht leicht. Wir hoffen, dass die Auswahl, die wir getroffen haben, Ihnen genauso gut gefällt wie uns.

Beim Blättern, Lesen und Betrachten mag Ihnen vielleicht eines auffallen: Nur auf einem Foto sind tatsächlich Heidschnucken zu sehen. Zwar sind die grauen Hornträger für die Landschaftspflege in der Heide unersetzlich und damit täglich zur Beweidung draußen, dennoch haben wir sie auf unseren Fototouren nur selten vor die Linse bekommen. Das mag wohl daran liegen, dass die Schnucken im Gegensatz zu uns auch abseits der Pfade im lila-dunkelgrünen Unterholz abtauchen dürfen. Wenn man sich dann aber inmitten einer blökenden Herde wiederfindet, vergisst man dieses Erlebnis so schnell nicht wieder.

Herzlichst
Alexandra und Jobst Schlennstedt

111 Orte

1 Das Heideblütenfest

Auf Jenny Elvers' Spuren

Die Zeiten der Monarchie sind in Deutschland schon lange vorbei. Und dennoch gibt es nicht nur eine, sondern weit über 100 Königinnen im Land. Sie repräsentieren Wein, Kartoffeln, Spargel oder Erdbeeren, aber auch Bernstein, Rhododendron oder die Elbauen. Je nachdem, wofür die jeweilige Region steht. Zu den bekanntesten Königinnen gehört die Heidekönigin, die jedes Jahr beim Heideblütenfest im August in Amelinghausen gekrönt wird. Seit 1949 der örtliche Männerchor beschloss, während seines Sängerfestes eine Heidekönigin zu wählen, hat sich diese Tradition etabliert. Auch in anderen Heidedörfern wird eine Königin gewählt, in Schneverdingen sogar schon seit 1922.

Warum ausgerechnet die Amelinghausener Heidekönigin so bekannt ist, dass über die Wahl nicht nur in der regionalen Presse berichtet wird, sondern sie auch bundesweiten Medien und Lokalzeitungen aus anderen Teilen Deutschlands eine Meldung wert ist, lässt sich nicht genau erklären. Möglicherweise liegt es noch immer am Jenny-Elvers-Effekt. Die startete nämlich ihre Fernsehkarriere, nachdem sie 1990 auf dem Kronsberg die Krone aus Heideblüten aufgesetzt bekommen hatte. Spätestens seitdem war der Titel der Heidekönigin deutschlandweit bekannt.

Die jungen Damen, die sich heutzutage zur Wahl aufstellen lassen, verfolgen in dieser Hinsicht bodenständigere Ziele. Sie wollen ihre schöne Heimatregion repräsentieren und sich zugleich einen Kindheitstraum erfüllen. Viele von ihnen haben schon seit jungen Jahren regelmäßig die Heidekönigin im Hofstaat begleitet. Und auch alle anderen Amelinghausener sind jedes Jahr dabei, wenn neun Tage lang das Heideblütenfest gefeiert und am letzten Tag die Heidekönigin gekrönt wird. Mit ihnen erleben Tausende Besucher das Feuerwerk auf dem Lopausee am Eröffnungsabend, die Krönungszeremonie auf dem Festplatz in der Kronsbergheide und den Festumzug durch den Ort.

Adresse 21385 Amelinghausen, www.heidebluetenfest.com | Anfahrt A 7 bis Abfahrt Evendorf, Richtung Evendorf, Richtung Soderstorf, Richtung Amelinghausen, die zum Fest ausgeschilderten Sonderparkplätze nutzen | Tipp Immer sonntags im März, April und Mai, wenn die Schnucken lammen, empfängt der Schäfer Thomas Rebre gerne Besucher ab 13 Uhr am Schnuckenstall in der Kronsbergheide (Amelinghausen). Mit Sicherheit ein unvergessliches Erlebnis für Groß und Klein!

2 Das Kloster Medingen

Starke Frauen im Konvent

Die Klosterlandschaft in der Lüneburger Heide ist wirklich bemerkenswert. Hier sind noch sechs evangelische Damenstifte erhalten, in denen Frauen ihr Leben und Arbeiten einer besonderen Gemeinschaft verschrieben haben. Jedes Einzelne für sich ist mit seiner Architektur und seinen Kunstschätzen sehenswert.

Das Kloster Medingen wurde im 13. Jahrhundert durch Zisterzienserinnen gegründet, die einst mit dem Laienbruder Johannes aus Magdeburg aufbrachen, um den neuen Konvent ins Leben zu rufen. Durch den Eintritt reicher Töchter aus Lüneburger Patrizierfamilien, die Schenkungen mitbrachten, mehrte sich das Vermögen des Konvents rasch. Und so konnte die Gemeinschaft nach mehreren Umzügen endlich das Dorf Zellensen erwerben, das mit der Einweihung des Klosters in Medingen – wo die Schwestern zuvor ansässig waren – umbenannt wurde. 1336 wurde die Klosterkirche geweiht, und die Nonnen gingen ihrem Alltag nach, der weitaus weniger streng war, als man es von einem Orden im Spätmittelalter erwarten würde. Die Nonnen hatten ihren Privatbesitz und durften auch mit ihren Angehörigen in Kontakt bleiben.

Erst 1479 wurde das strenge Regiment, das eigentlich in Zisterzienserklöstern herrschte, eingeführt und 1494 die erste Äbtissin in Medingen gewählt. Als einige Jahre später mit der Reformation die nächste Veränderung anstand, wehrten sich die Nonnen entschieden dagegen. Erst nach 30 Jahren Widerstand wurde Medingen zu einem adeligen evangelischen Damenstift.

Während früher junge Frauen ins Kloster geschickt wurden, um ihre Versorgung sicherzustellen, sind es heute meist alleinstehende Damen im Ruhestand, die in einer Gemeinschaft leben und sich in diese einbringen möchten. Sie betreuen die Klostergebäude, die Kirche sowie die Kunstschätze, und sie führen Besucher durch die Anlage, die nach einem Brand im Jahre 1781 in nur sieben Jahren neu errichtet wurde.

Adresse Klosterweg 1, 29549 Bad Bevensen-Medingen, www.kloster-medingen.de | **Anfahrt** A 39 bis Abfahrt Lüneburg-Nord, weiter auf B 4 Richtung Uelzen, bei Bad Bevensen/Seedorf Richtung Bad Bevensen abfahren, links Richtung Medingen, Beschilderung zum Kloster folgen | **Öffnungszeiten** April–Mitte Okt. Di–So Führungen 10, 12 (Kurzführung) und 14 Uhr, Führungen zu anderen Zeiten beziehungsweise außerhalb der Saison nach Absprache unter Tel. 05821/2286 oder info@kloster-medingen.de | **Tipp** Übernachten in gemütlicher Atmosphäre und mit leckerem Frühstück kann man auf dem Hof Rose in Altenmedingen (www.hofrose.de).

3__Die Burg

Von Raubrittern und Zwangsgebräu

Mit der Geschichte der Burg Bodenteich könnte man einige Buchseiten füllen. Das Entstehungsjahr der Burg ist nicht genau belegt, Historiker gehen von der zweiten Hälfte des 10. Jahrhunderts aus. Nachweisbar ist jedoch die Fülle an wechselnden Besitzern, die das Gemäuer nach der ersten urkundlichen Nennung im Jahr 1293 innehatten. Im 14. Jahrhundert erwarben der Lüneburger Herzog Otto und seine Söhne die Burganlage. Nach den Lüneburger Erbfolgekriegen nahm Herzog Magnus von Braunschweig die Burg ein, später war sie in der Hand von Raubrittern und wurde weiterhin immer wieder verpfändet, verkauft, vererbt, belagert und sogar einmal in Schutt und Asche gelegt. Doch sie wurde wieder aufgebaut und befindet sich seit 1971 im Besitz der Gemeinde.

Heute präsentiert sich die Anlage, die jeden Sommer Austragungsort des dreitägigen Burgspektakels mit mittelalterlichem Markttreiben, Vorführungen und Konzerten ist, idyllisch am Ortsrand. Über die Brücke betritt man den Burghof, um den sich das schön sanierte Amtshaus, das rekonstruierte Brauereigebäude und der alte Burgfried, der nicht mehr ganz vollständig erhalten ist, gruppieren. Er wurde mit einer Glaskuppel versehen, dient als Aussichtspunkt und beherbergt eine Ausstellung zur mittelalterlichen Waffen- und Wehrtechnik sowie zur damaligen Astronomie.

Im ehemaligen Amtshaus befindet sich das Burgmuseum, das die Geschichte der Burg und der Region zeigt. Hier erfährt man beispielsweise, dass 1634 auf Burg Bodenteich das erste Brauhaus eingerichtet wurde. Sämtliche Wirte der Umgebung mussten ihr Bier von dieser Zwangsbrauerei beziehen. Das wiederum zog juristische Auseinandersetzungen mit den Uelzener Brauern nach sich, denn eigentlich war die Einrichtung von Brauereien den Städten vorbehalten. Bis 1918 – also fast 300 Jahre lang – wurde auf Burg Bodenteich Bier gebraut. Seit 2005 finden im wieder aufgebauten Brauhaus Feiern, Tagungen und Veranstaltungen statt.

Adresse Burgstraße 8, 29389 Bad Bodenteich, www.burg-bodenteich.de | Anfahrt A 39 bis Abfahrt Lüneburg-Nord, weiter auf B 4 Richtung Uelzen, bei Uelzen Richtung Bad Bodenteich abfahren, im Ortskern links auf Hauptstraße, nochmals links auf Burgstraße | Öffnungszeiten Burgmuseum April–Okt. Sa, So, Feiertage 14–17 Uhr | Tipp Von der Burg aus ist der Vierhundert-Wasser-Barfuß-Pfad ausgeschildert, der zum Mittelalterspielplatz »Robin-Hood-Castell« führt.

4 Das Freudenthal-Denkmal

Hoch über dem Tal der Böhme

Die Heidelandschaft inspirierte mit ihrer Schönheit und Einzigartigkeit nicht nur Hermann Löns, Gedichte über diese Landschaft zu verfassen. Auch August Freudenthal, im Gegensatz zu Löns in der Heide geboren und aufgewachsen, verfasste in der zweiten Hälfte des 19. Jahrhunderts einige Werke über seine Heimatregion. Allerdings widmete Freudenthal sich eher Reise- und Sachberichten.

Im Alter von elf Jahren kam Freudenthal als Handwerkersohn nach Soltau und wurde hier von seinem Großvater, der Lehrer war, unterrichtet und gefördert. Schon vier Jahre später trat er – gerade einmal 15-jährig – seine erste Stelle als Hauslehrer an. Später zog es ihn als Zeitungsredakteur nach Bremen. Im Rahmen dieser Tätigkeit bereiste und beschrieb er seine Heimatregion. Die »Heidefahrten« gelten dabei als sein Hauptwerk. Er war aber auch Mitherausgeber der Lyriksammlung »Die Heide« und Verfasser von Prosawerken über die Landschaft.

Zu Ehren August Freudenthals wurde in seinem Geburtsort Bad Fallingbostel ein Denkmal errichtet. Und zwar nicht etwa inmitten des Stadtzentrums, sondern dort, wo es auch dem Dichter gut gefallen hätte: an einer der schönsten Stellen im Liethwald mit herrlichem Blick ins Tal der Böhme. Die Idee dazu stammte nicht aus Fallingbostel selbst, sondern von einem plattdeutschen Verein aus Bremen, wo Freudenthal 1898 verstorben war. Nach dem Ersten Weltkrieg konnte das Denkmal in Anwesenheit von Friedrich Freudenthal, Augusts Bruder, eingeweiht werden. Friedrich, der ebenfalls Schriftsteller war, erhielt 1949 – anlässlich seines 100. Geburtstags – auf der Rückseite eine Plakette.

Einen Besuch des Denkmals sollte man unbedingt in eine Wandertour durch die Lieth einbetten – es gibt hier einen gut fünf Kilometer langen Rundwanderweg. Das Waldgebiet erstreckt sich oberhalb des Flüsschens Böhme und gewährt immer wieder tolle Ausblicke auf das Tal.

Adresse Liethwald, 29683 Bad Fallingbostel | **Anfahrt** A 7 bis Abfahrt Dorfmark, B 440 nach Dorfmark, links nach Bad Fallingbostel, weiter auf Soltauer Straße, gegenüber dem Chinarestaurant (Hausnummer 21) parken, zu Fuß in den Liethwald hinein, links halten (parallel zur Straße) und circa 500 Meter bis zum Denkmal gehen | **Tipp** Weiter südlich vom Parkplatz liegt im Tal ein Bootsverleih, von dem aus man eine schöne Tour auf der Böhme unternehmen kann (www.bootsstation-fallingbostel.de).

5 Das alte Dorf

Kleiner Ort mit großer Geschichte

Bardowick. Eine kleine Gemeinde, von der Landwirtschaft geprägt und berühmt für ihren Spargel. Doch der imposante Dom im Herzen des Ortes verrät, dass dieser Ort im Mittelalter eine weitaus größere Bedeutung hatte. Einst war Bardowick nämlich eine bedeutende Handelsstadt.

Als eine der ältesten Städte Niedersachsens – Bardowick wurde erstmals 795 erwähnt – stieg es schon bald zum wichtigsten Handelsplatz zwischen dem Reich der Franken und dem der Sachsen auf. Denn der Marktflecken war äußerst gut gelegen. Nicht nur wirtschaftspolitisch günstig im Grenzgebiet, sondern auch verkehrsgünstig in einer Niederung der Ilmenau. 805 wurde Bardowick von Karl dem Großen daher zum Ausgangspunkt für den Handel mit den Slawen im Norden bestimmt. So siedelten sich immer mehr Kaufleute in Bardowick an. Später wurde auch das wertvolle Lüneburger Salz hier umgeschlagen und auf Kähne in Richtung Elbe verschifft. Darüber hinaus gewann die Stadt religiös und politisch zunehmend an Bedeutung und stand zu Beginn des 12. Jahrhunderts in ihrer vollen Blüte.

Doch nur ein halbes Jahrhundert später stieg mit der Machtübernahme Heinrichs des Löwen in Sachsen Lübeck zur neuen Fernhandelsmetropole auf. Viele Kaufleute wanderten dorthin ab. Zudem wurde die Ilmenau bis Lüneburg schiffbar, und das Salz, das zur Elbe und fortan auch nach Lübeck verschifft wurde, musste nicht mehr in Bardowick umgeschlagen werden. 1189 kam es zudem zu einer folgenschweren Belagerung und der Zerstörung der Stadt: Heinrich der Löwe wollte nach seiner Entmachtung seinen Nachfolger, Herzog Bernhard, stürzen.

Trotz der schwindenden Bedeutung Bardowicks wurde zwischen 1389 und 1485 der Dom St. Peter und Paul als Nachfolger der bei einem Feuer zerstörten Stiftskirche errichtet. Gemeinsam mit dem Nikolaihof, dem Heimatmuseum und weiteren Stationen auf einem historischen Rundweg bezeugt er die glanzvollen Zeiten Bardowicks.

Adresse 21357 Bardowick | Anfahrt A 25, rechts auf B 404 Richtung Lüneburg folgen, Richtung Bardowick abfahren | Tipp Im Waldgebiet des benachbarten Ortes Vögelsen sind noch Reste der Lüneburger Landwehr zu finden, die zur mittelalterlichen Stadtbefestigung gehörten und vor allem dazu dienten, das Stapelrecht durchzusetzen.

6 Der Bardowicker Strand

Das etwas andere Schwimmbad

Von Lüneburg zum Strand sind es nur 15 Minuten. Gut, er ist nicht ganz so breit wie der an Nord- und Ostsee, aber man kann hier wunderbar im Sand oder Strandkorb liegen und Badespaß ohne Chlorwasser genießen. Die Rede ist vom Freibad in Bardowick, das zwar künstlich angelegt, jedoch weitestgehend naturnah gestaltet wurde. Sand, Kies, Holz, Naturstein und ganz viel Grün drum herum – das sind die Materialien, die anstelle von Zement, Fliesen und Co. beim Bau eingesetzt wurden. Und statt die Keime im Wasser mit Chemie zu vernichten, wird das Wasser im etwas abseits gelegenen »Regenerationsbecken« gereinigt.

Dafür wird das Wasser aus dem Schwimmbecken über Pumpen zu Zerstäuberdüsen weitergeleitet und über einem biologischen Filtersubstrat versprüht. Das Wasser rieselt durch das Filterbeet, wird durch Mikroorganismen gereinigt und wieder dem Schwimmbecken zugeführt. So entsteht ein Kreislauf mit kontinuierlichem Wasseraustausch, der dem von an Flüssen oder Seen angelegten »echten« Naturbädern gleichkommt. Der Unterschied beim Bardowicker Strandbad ist jedoch der, dass es sich hier um einen geschlossenen Wasserkreislauf, ja sogar ein eigenes Ökosystem handelt. Als Füllwasser für das Becken wird Grundwasser verwendet. So verfügt das Schwimmbad über eine Wasserqualität, die nahezu der von Trinkwasser entspricht.

Ganz ohne Technik kommt das Naturbad in Bardowick also nicht aus, dafür aber ohne teure Chemikalien. Und ohne Heizung, denn das Wasser erwärmt sich durch Flachwasserzonen ganz von selbst. Die Bau- und Betriebskosten sind somit weitaus geringer als die in einem herkömmlichen Freibad. Der Spaßfaktor ist jedoch umso höher. Während Eltern die naturnahe Erholung genießen, müssen Kinder auf kein Vergnügen verzichten. Sprungfelsen, Seilfähre, Breitwellenrutsche, Beachvolleyballfeld, Spielplatz und separates Kleinkindbecken sorgen für vielfältige Abwechslung.

Adresse Im Kuhreiher 22, 21357 Bardowick, www.bardowicker-strand.de | **Anfahrt** A 25, rechts auf B 404 Richtung Lüneburg, Richtung Bardowick abfahren, rechts auf Im Kuhreiher | **Öffnungszeiten** Mai–Mitte Sept. Mo 14–20 Uhr, Di–So 10–20 Uhr | **Tipp** Ganz in der Nähe liegt St. Dionys, ein mittelalterliches Dorf mit gleichnamiger Kirche. Die erste Kapelle an dieser Stelle soll der Erzählung nach von Karl dem Großen gestiftet worden sein.

7 Meyer's Windmühle

... und sie dreht sich doch!

Es ist eine wunderschöne Holländermühle mit umlaufender Galerie und imposanten Flügeln, die seit mehr als 200 Jahren im Örtchen Bardowick steht. Das Besondere an ihr: Hier wird heute noch Mehl gemahlen. Und zwar nicht zu Schauzwecken eines Heimat- oder Mühlenvereins, sondern zu gewerblichen Zwecken, also um den Lebensunterhalt des ansässigen Müllers zu verdienen. Und so ist Meyer's Windmühle eine der wenigen historischen Mühlen, deren Flügel sich nahezu immer drehen – wenn genügend Wind da ist. Ihre Kraft reicht aus, um rund ein Drittel des in der Mühle zu vermahlenden Mehls zu verarbeiten. Der Rest wird durch elektrischen Antrieb bewerkstelligt.

Dass die Mühle als technisches Denkmal heute einwandfrei funktioniert und zugleich so hübsch anzusehen ist, ist der Unterstützung des Windmühlenvereins Bardowick e. V. zu verdanken. Denn die Mühle hat wechselvolle Zeiten hinter sich und war seit 1952 flügellos. Mit Hilfe des Vereins und öffentlicher Zuschüsse konnte 1994 der damalige Müller Manfred Meyer die Mühle restaurieren und den Windantrieb wiederherstellen. Seit 1907 bis zum heutigen Tag wird die Bardowicker Windmühle durch die Familie Meyer betrieben, die schon seit sechs Generationen dem Müllerhandwerk nachgeht. Zufällig trägt sie auch noch den gleichen Nachnamen wie Johann Friedrich Meyer, der die Bardowicker Mühle im Jahr 1813 erbauen ließ. Insofern ist der Name Meyer's Windmühle historisch und aktuell wörtlich zu nehmen.

Und auch bei der Produktion setzt Eckhard Meyer, der die Mühle seit 1996 betreibt, auf Tradition. Die Rohstoffe kommen von den umliegenden Höfen, das produzierte Mehl wird an Bäckereien und andere Abnehmer in der Region verkauft. So, wie es schon früher geschehen ist. Besucher der Mühle können ebenfalls vor Ort einkaufen – vom Mehl bis zum selbst produzierten Pferdemüsli. Oder etwas Leckeres aus dem erweiterten Naturkostsortiment.

Adresse Mühlenstraße 38, 21357 Bardowick, www.meyers-windmuehle.de | **Anfahrt** A 25, rechts auf B 404 Richtung Lüneburg folgen, Richtung Bardowick abfahren, links auf Mühlenstraße | **Öffnungszeiten** Mühle Mo–Sa 9–18 Uhr, Café Di–So 14–18 Uhr | **Tipp** Wer sein Handicap verbessern möchte, findet im benachbarten St. Dionys einen der schönsten 18-Loch-Golfplätze Deutschlands.

8 Die Kartoffelvielfalt

Von Adretta bis Violetta

Sie sind klein und knollig, ihre Vorfahren stammen aus Südamerika, und sie tragen meist wohlklingende Frauennamen. Die Rede ist natürlich von der Kartoffel, die seit dem 16. Jahrhundert auch in Europa angebaut wird und sich schnell zu einem Grundnahrungsmittel entwickelt hat. In Barum, auf dem Biolandhof der Familie Ellenberg, kann man nicht nur Sieglinde, Adretta oder die wieder zugelassene Linda erwerben, sondern in der Hauptsaison bis zu 33 verschiedene Sorten ausprobieren. Im Hofladen reihen sich die Körbe mit vielen braunen, aber auch roten, rosa, lila und schwarzen Knollen aneinander.

Seit dem 16. Jahrhundert ist der Hof in Familienbesitz und wird seit 1990 von Petra und Karsten Ellenberg geführt. Sie stellten auf ökologischen Landbau um und konzentrierten sich fortan auf den Anbau von unterschiedlichen Kartoffelsorten. Insgesamt 100 verschiedene Sorten werden auf den eigenen 80 Hektar Land angebaut, zugleich wird mit anderen Biohöfen der Region beim Anbau und der Vermarktung kooperiert. Die Ellenbergs haben früh damit angefangen, alte Kartoffelsorten anzubauen, die es kaum noch auf dem Markt gibt. Sie kreuzten alte Sorten sowie Wildsorten mit den modernen ökologisch erzeugten Kartoffeln. Der individuelle Geschmack und die Robustheit von Ersteren sollten auf diese Weise mit dem reichen Ertrag der Letzteren kombiniert werden. Und so kann man im Hofladen von »Ellenberg's Kartoffelvielfalt« heute Heiderot, Violetta, Blaue Anneliese und die Rote Emmalie, die erste in Deutschland gezüchtete rotfleischige Kartoffel, kaufen. Einige der Sorten können als Pflanzkartoffeln erworben und selbst angebaut werden.

Für diese Arbeit wurde der Hof der Ellenbergs als Anschauungsobjekt mit Vorbildcharakter, also als sogenannter »Demonstrationsbetrieb«, anerkannt. Auf Anfrage werden Hof- und Feldführungen durchgeführt, was insbesondere von Schulen gern angenommen wird.

Adresse Ebstorfer Straße 1, 29576 Barum, www.kartoffelvielfalt.de | **Anfahrt** A 39 bis Abfahrt Lüneburg-Nord, weiter auf B 4 Richtung Uelzen, Richtung Barum abfahren, im Ortskern links auf Ebstorfer Straße | **Öffnungszeiten** Mo–Fr 8–12 und 12.45–17 Uhr | **Tipp** Herrlich entspannen kann man in der Jod-Sole-Therme im nahe gelegenen Bad Bevensen (www.jod-sole-therme.de).

9 Das Waldarbeit-Museum

Mehr als Försterlatein

Becklingen ist ein beschauliches Dorf mit 400 Einwohnern, in dem es keine Straßennamen gibt. Stattdessen erhielt jedes Haus zum Zeitpunkt seiner Fertigstellung eine fortlaufende Nummer. Doch auch wenn der Ort recht klein ist, sind seine Bewohner sehr aktiv. Besonders wenn es um den Erhalt alter Traditionen geht. So gibt es eine Laienspielgruppe, die sich für die plattdeutsche Sprache und Kultur einsetzt. Oder einen Verein, der das über 200 Jahre alte »Bekler Backhus« vor dem Abriss und Wiederaufbau in einer anderen Gemeinde bewahrte und regelmäßige Backtage veranstaltet.

Seit 2006 gibt es in Becklingen auch einen Förderverein, der sogar ein Museum betreibt: das Waldarbeit-Museum Becklinger Holz, benannt nach dem benachbarten Waldgebiet. Die kulturhistorische Sammlung besteht aus über 300 Exponaten. Dazu zählen die unterschiedlichsten Werkzeuge genauso wie historische Dokumente, anhand derer sich die verschiedenen Tätigkeitsbereiche der Waldarbeit anschaulich darstellen lassen. Denn dem Fällen, also Ernten der Bäume, geht wie in der Landwirtschaft das Säen und Pflanzen sowie die Pflege voraus. Außerdem ist der Waldschutz eine wichtige Aufgabe der Förster und ihrer Mitarbeiter.

Die Fläche des Landkreises Celle, in dem das Museum liegt, ist zu rund 47 Prozent von Wald bedeckt. So stammen auch die ausgestellten Werkzeuge vorwiegend aus der Region, und die Schautafeln und Dokumente stellen die Entwicklung der Waldarbeit in der Umgebung dar. Trotz des regionalen Bezuges hat das Museum in Fachkreisen landesweite Bedeutung. Denn es gibt nur wenige Orte, an denen das Thema so umfassend und facettenreich präsentiert wird. Und die solch außergewöhnliche Exponate vorweisen können wie etwa die Sägenstanze, auf die man im Becklinger Museum besonders stolz ist. Es handelt sich dabei um ein Werkzeug, mit dem man zu kurz gewordene Sägezähne wieder verlängern und somit die Schnittleistung erhöhen kann.

Adresse Becklingen 7, 29303 Bergen-Becklingen | **Anfahrt** A 7 bis Abfahrt Soltau-Süd, B 3 Richtung Bergen, nach Becklingen abbiegen | **Öffnungszeiten** Juni – Aug. So 14 – 17 Uhr und nach Vereinbarung unter Tel. 05051/1667 oder 7535 | **Tipp** Östlich der Gemeinde liegt das Naturschutzgebiet »Großes Moor bei Becklingen« mit dem Heinrich-Eggers-Aussichtsturm und einem Rundwanderweg.

10 Die Ilmenau

Ein Paradies für Tiere und Kanuten

Wasser. Lebensnotwendiges Elixier. Schon immer siedelten Menschen in der Nähe von Flüssen. Sie dienten ihnen zur Trinkwasserversorgung und auch als Schutzwall, um den Angriff von Feinden abzuwehren. Und im Mittelalter waren Flüsse bedeutende Transportwege. Genauso hat es sich auch in der Lüneburger Heide zugetragen. Die Ilmenau ist der größte und wichtigste Fluss in der Region. Zusammen mit ihrem Quellfluss, der Stederau, bringt sie es bis zur Mündung in die Elbe auf eine Gesamtlänge von über 100 Kilometern. Ab Lüneburg, wo die Ilmenau zum Kanal ausgebaut ist, ist sie auch heute noch in erster Linie Wasserstraße. Im südlichen Teil schlängelt sie sich naturbelassener durch die Landschaft und ist vor allem für den Tourismus bedeutsam. Denn sie macht ihrem Status als europäisches Naturschutzgebiet alle Ehre. Mit ihren grünen Flussauen und dem blauen Wasser, in dem sich Weiden und Erlen spiegeln, bietet sie zahlreichen schützenswerten Fisch- und Vogelarten sowie Insekten, Fischottern und Bachmuscheln einen Lebensraum.

Durch die schöne Landschaft, die leichten Einstiegsmöglichkeiten und die abwechslungsreichen Strecken ist die Ilmenau auch für Kanuten und Wasserwanderer ein kleines Paradies. Am beliebtesten ist der Abschnitt zwischen Uelzen und Lüneburg. Hier gibt es stärkere Strömungen, die das Paddeln interessant machen – für Anfänger allerdings nur flussabwärts. Man kann dabei die Natur genießen, Sehenswürdigkeiten, wie das Kloster Medingen, besuchen und bei Jastorf eine echte Besonderheit erleben: Die Ilmenau kreuzt nördlich sowie westlich des Ortes den Elbe-Seitenkanal. Die Kreuzungen sind als »Unterführungen« ausgebaut, sodass man sich plötzlich unter einem langen Güterfrachter wiederfinden kann. Empfehlenswert ist eine Tour in der Vor- oder Nachsaison, da man dann dieses besondere Idyll mit etwas mehr Ruhe genießen kann.

Adresse Niendorfer Straße 1, 29553 Bienenbüttel (Kanuanleger); örtlicher Kanuverleih: www.kanuaktiv.de, bietet auch geführte Kanutouren an | Anfahrt A 39 bis Abfahrt Lüneburg-Nord, weiter auf B 4 Richtung Uelzen, bei Bienenbüttel auf Schützenallee abfahren, links auf Bahnhofstraße, links auf Niendorfer Straße | Tipp Vom Kanuanleger aus startet der Skulpturenpfad Bienenbüttel, der sich entlang der Ilmenau erstreckt (zu den ausgestellten Künstlern: www.kunstraum-ilmenau.de).

11 Der historische Bauern- und Rosengarten

Schöner als in Cornwall

Waschechte Gartenfans reisen nach Südengland, um dort die Fülle und Pracht der zahlreichen privaten und öffentlichen Gärten zu bewundern. Aber warum in die Ferne schweifen …? In der Heideregion rund um Uelzen gibt es eine ganze Reihe »offener Gärten«, die einen Besuch wert sind. Viele davon befinden sich in Privatbesitz und werden von den Eigentümern selbst gestaltet und gepflegt. Umso beeindruckender, was einige Privatgärtner geschaffen haben.

Etwa die Burmesters in Bienenbüttel-Niendorf. Den Garten auf ihrem Grundstück gibt es bereits seit 1909. Das Ehepaar erbte den Hof, der seit 1640 in Familienbesitz ist, in den 1970er Jahren. Sie fanden alte Buchsbaumbestände vor, die sie immer wieder ergänzten, bis sich ein formgeschnittener Garten nach englischem Vorbild entwickelte. Im Rosengarten dominieren historische Sorten, der Bauerngarten mit seinen Gemüsebeeten wird zur Vollversorgung bewirtschaftet.

Die Kombination der einzelnen Themengärten wurde sorgfältig bedacht und ist in gewisser Weise historisch gewachsen: der Kräutergarten im Klosterstil, der japanisch anmutende »Garten der Stille«, die »kleine Toscana« mit mediterranem Sitzplatz, Farbbeete, eine Dahlienstraße und sogar ein »kleines New York«. Kaum zu glauben, wie die so unterschiedlich gestalteten Gartenbereiche harmonieren. Dazwischen finden sich immer wieder kleine Ruheinseln, wo man verweilen und die Pflanzenpracht auf sich wirken lassen kann. Mehr als 40 Jahre arbeitete Marianne Burmester-Müller an ihrem Kleinod und pflanzte dabei über 200 verschiedene Gehölze und Bäume an. Darunter auch echte Seltenheiten wie die »Sieben Söhne des Himmels« und die Pimpernuss. Entstanden ist eine Grünanlage, die auf 4.000 Quadratmetern eine besondere Vielfalt unterschiedlich gestalteter Einzelgärten vereint.

Adresse Im Dorfe 12, 29553 Bienenbüttel-Niendorf, www.rosengarten-niendorf.de | **Anfahrt** A 39 bis Abfahrt Lüneburg-Nord, B 4 Richtung Lüneburg, B 216 Richtung Dannenberg, Richtung Vastorf abfahren, Richtung Bienenbüttel abfahren, nach Niendorf abbiegen, rechts auf Im Dorfe | **Öffnungszeiten** Führungen nach telefonischer Absprache unter Tel. 05823/342 | **Tipp** In der »Markthalle Bienenbüttel« findet man ein ansprechendes Angebot: Restaurant, Vinothek, Mode-Boutique, Geschenkeladen, Bahnhofstraße 16.

12 Die Borsteler Kuhlen

Fast wie in den Alpen

»Borstel in der Kuhle« ist durchaus ein ungewöhnlicher Ortsname. Genau so heißt aber ein Heidedorf, das zur Gemeinde Bispingen gehört. Es ist so klein, dass es im Dorf keine Straßennamen gibt, sondern die Häuser lediglich durchnummeriert sind. Der Name des Ortes leitet sich übrigens von dem mittelnorddeutschen Wort für Bauernstelle ab und bezeichnet somit genau das, was er ursprünglich war. Heute ist das Örtchen nicht mehr ganz so stark landwirtschaftlich geprägt. Der Name ist dennoch geblieben – genauso wie die Kuhle, die den Namen so bildlich ergänzt. Denn Borstel liegt tatsächlich am Rand einer hügeligen Landschaft mit Erhebungen und Tälern, also Kuhlen.

Die Borsteler Kuhlen, die gerne auch als Borsteler Schweiz bezeichnet werden, sind das hübsch anzusehende Überbleibsel der letzten Eiszeit. Damals wurden Gesteinsmassen durch Gletscherbewegungen hin und her geschoben und hinterließen, als die Gletscher abgetaut waren, eine stark zerklüftete Landschaft. Heute kann man von den höher gelegenen Aussichtspunkten einen schönen Weitblick über die Trockentäler genießen. Bei gutem Wetter reicht die Sicht sogar bis zu den Bispinger Kirchturmspitzen. In den Tälern, die landwirtschaftlich schlecht zu bewirtschaften waren, findet man noch Heideflächen in ihrer Urform.

Von Borstel aus kann man auf zwei einfachen Rundwanderwegen einen hübschen Überblick über die große, namensgebende Kuhle gewinnen. Der Fluss, der sich durch das schöne Heidetal schlängelt, ist die Brunau. Der Wanderweg führt auch durch ein Waldgebiet, in dem Hügelgräber aus der Bronzezeit gefunden wurden. Sie deuten darauf hin, dass die Hügellandschaft schon in der frühen Siedlungsgeschichte die Menschen anzog. Auf Schautafeln werden die frühzeitlichen Bestattungsbräuche erklärt. Wer mehr über die archäologischen Funde aus der Umgebung von Borstel wissen möchte, wird im Museum Soltau fündig.

Adresse 29646 Bispingen-Borstel in der Kuhle | **Anfahrt** A 7 bis Bispingen, Richtung Bispingen fahren, links auf Behringer Straße, links nach Borstel, im Ortskern nach Überqueren der Brunau rechts zu den Borsteler Kuhlen abbiegen | **Tipp** Wer sich ein Stück Heide mit nach Hause nehmen möchte, wird im Bispinger Ortsteil Hörpel fündig. Die Porzellanmanufaktur »Calluna« hat mit gleichnamigem Dekor einen Klassiker für die Kaffeetafel geschaffen (Mo–Fr 9–17 Uhr, Sa 9–14 Uhr, Juli–Sept. auch Sa, So 9–17 Uhr).

13 Der Naturspeicher

Von der Vorratskammer zum Ausstellungshaus

Wenn man wissen möchte, wie ein typisches Heidedorf vor mehreren hundert Jahren ausgesehen hat, muss man das kleine Dörfchen Wilsede mitten im Naturschutzgebiet Lüneburger Heide besuchen. Vom Autoverkehr abgeschottet und mit historischen Fachwerk- und Reetdachhäusern ausgestattet, mutet es fast wie ein Freilichtmuseum an. Tatsächlich wohnen hier aber rund 40 Menschen.

In solch einem idealtypischen Heidedorf darf auch ein eher kleines und unscheinbares Gebäude nicht fehlen, das einst für die Region charakteristisch war: der Treppenspeicher. Auf dem Emhoff in Wilsede gibt es gleich zwei davon zu sehen. Sie weisen die klassische reine Holzkonstruktion auf, die sich über zwei Geschosse erstreckt. An der Giebelseite befindet sich eine Außentreppe, über die man die obere Ebene erreicht. Die besondere, dicht verbohlte Bauweise schützte die im Treppenspeicher gelagerten Vorräte vor Feuchtigkeit und Mäusen. Die meisten Bauernhöfe in der Lüneburger Heide verfügten über mehrere Treppenspeicher, in denen unterschiedliche Waren getrennt voneinander gelagert werden konnten.

Der Verein Naturschutzpark e. V., zu dem der Emhoff genauso wie das Wilseder Heimatmuseum gehört, hat eines der beiden Speichergebäude zum Naturspeicher umgebaut. Die Stiftung Naturschutz Lüneburger Heide richtete hier eine schön gestaltete Fotoausstellung über den Lebensraum Moor und seine Vielfalt ein. Schließlich ist diese Landschaftsform ebenfalls häufig in der Lüneburger Heide zu finden und kann nur im Zusammenspiel mit den umgebenden Heideflächen erhalten werden. Der Besuch lohnt sich nicht nur, um besondere und bedrohte Pflanzen und Tiere wie den Sonnentau oder die Bekassine kennenzulernen, sondern auch, um sich die Konstruktion des Treppenspeichers von innen genauer anzusehen. Denn von den übrigen in der Region erhaltenen Exemplaren sind nur wenige zugänglich und dann meist in ihrer Architektur verändert worden.

Adresse Wilsede 3b, 29646 Bispingen-Wilsede | **Anfahrt** A 7 bis Abfahrt Bispingen, Richtung Behringen fahren, weiter nach Niederhaverbeck, auf dem großen Parkplatz parken, zu Fuß, mit dem Rad oder der Kutsche nach Wilsede (circa 4,4 Kilometer) | **Öffnungszeiten** Mai – Okt. Mo – So 10 – 16 Uhr | **Tipp** Auf dem elf Kilometer langen Machandel-Erlebnispfad können Kinder an 23 Stationen spielerisch viel Wissenswertes über die Heide erfahren. Er startet am Großparkplatz in Oberhaverbeck.

14 Der Totengrund

Keimzelle des Naturparks

Auch wenn sein Name etwas schauerlich klingt: Der Totengrund ist einer der schönsten Orte in der Lüneburger Heide. Nicht weit vom Wilseder Berg liegt dieses eindrucksvolle Trockental. Man darf es zwar nicht betreten, kann jedoch an seinem oberen Rand entlangwandern und die wundervolle Aussicht auf die weite Heidefläche genießen.

Dieser Anblick muss vor mehr als 100 Jahren genauso schön gewesen sein. Denn als der Egestorfer Pastor Wilhelm Bode davon erfuhr, dass der malerische Talkessel als potenzielles Bauland im Gespräch war, ging er in den Widerstand. Und das sehr effektiv: Er gewann den Münsteraner Professor Andreas Thomsen als Käufer für die Fläche und schützte sie damit vor der Bebauung. 1910 gelang Bode selbiges mit dem Wilseder Berg, auf dem Wochenendhäuser für die Sommerfrischler aus Hamburg geplant wurden. In diesem Fall war es der Verein Naturschutzpark, der die Fläche erwarb. Er legte damit den Grundstein für mittlerweile nahezu 10.000 Hektar geschützte Heidelandschaft, die der Verein heute besitzt oder gepachtet hat. Er war 1909 in München gegründet worden mit dem Ziel, großflächige Naturparke nach amerikanischem Vorbild zu schaffen.

Doch zurück zum Totengrund, der die berechtigte Frage aufwirft, wieso er trotz seiner Idylle zu diesem Namen gekommen ist. Eine gesicherte Antwort darauf gibt es nicht, aber mehrere Theorien. Die gängigste ist die, dass früher Leichenzüge durch das Tal führten, damit diese nicht auf den sonst genutzten Straßen stattfanden. Andere beziehen sich auf die Entstehung des Tals durch einen Toteisblock, der nach und nach abtaute und das Tal schuf, beziehungsweise einen Meteoriteneinschlag, der alles Leben im Tal auslöschte. Möglich ist auch, dass die Heidebauern das Tal einst »Toter Grund« nannten, da durch den nährstoffarmen Boden und das Fehlen eines Bachs dort keinerlei Landwirtschaft möglich war.

Adresse 29646 Bispingen-Wilsede | **Anfahrt** A 7 bis Abfahrt Bispingen, Richtung Behringen fahren, weiter nach Niederhaverbeck, auf dem großen Parkplatz parken, zu Fuß, mit dem Rad oder der Kutsche zum Totengrund (circa 4,3 Kilometer) | **Tipp** In Bispingen lohnt auch ein Besuch der Ole Kerk (Kirchweg). Die kleine Feldsteinkirche wurde 1353 erbaut.

15 Das Eibia-Gelände

Ruinen einer unwirklichen Zeit

Die Gemeinde Bomlitz geht auf einen ehemaligen Mühlenstandort am gleichnamigen Fluss, der damals noch Bommelse hieß, zurück. Die 1681 gegründete Papiermühle wurde rund 90 Jahre später durch ein Hochwasser zerstört. 1815 folgte die Wiederbelebung des Gewerbestandorts als Pulvermühle. Sie sollte die Entwicklung von Bomlitz in den folgenden zwei Jahrhunderten maßgeblich prägen. Parallel zur Expansion der Firma, die später Wolff & Co. hieß und der größte Chemiestandort Niedersachsens werden sollte, entwickelte sich der Kernort von Bomlitz.

Als ein Tochterunternehmen wurde in den 1930er Jahren die »Eibia GmbH für chemische Produkte« gegründet. Ein Tochterunternehmen war es nur auf dem Papier – in Wahrheit unterstand es dem Reichswehrministerium. Und »chemische Produkte« stellte es auch nicht wirklich her, sondern lediglich Schießpulver, wie es seinerzeit in der Mühle an der Bomlitz geschah. Der Name war eher Verschleierungstaktik, um die Aufrüstung der Nationalsozialisten zu verbergen.

Verborgen wurden auch die Produktionsgebäude, von denen mehr als 500 rund um die Gemeinde Bomlitz errichtet wurden. Die Flachdachbauten erhielten eine Dachbegrünung, und an den Seiten wurden Tarnnetze abgespannt. Damit sollten die Alliierten trotz 3-D-Luftaufnahmen daran gehindert werden, die Gebäude auszumachen oder zumindest daran ihre Funktion zu erkennen. Ein Teil der Bunker wurde auch umwallt oder sogar unterirdisch angelegt. Nach Kriegsende zerstörten die Briten den Großteil der Gebäude, einige sind jedoch noch als mahnende Zeitzeugen erhalten geblieben.

Das Eibia-Gelände auf den Heideflächen im südwestlichen Teil der Gemeinde ist seit den 1990er Jahren zum Naherholungsgebiet Eibia/Lohheide umgestaltet worden. Der Kulturverein FORUM Bomlitz bietet sachkundige und geschichtlich interessante Führungen durch das Gebiet, bei denen die Dimensionen der einstigen Pulverfabrik deutlich werden.

Adresse Eibia-Lohheide, 29699 Bomlitz-Benefeld, Infos zu geführten Wanderungen unter Tel. 05161/9490249, Infos zu Führungen durch das FORUM unter www.forum-bomlitz.de | **Anfahrt** A 7 bis Abfahrt Dorfmark, B 440 Richtung Dorfmark, weiter auf B 440 bis Kroge, links Richtung Westerharl, weiter nach Benefeld, im Ortskern der Cordinger Straße folgen, links auf Freudenthalstraße, am Sportplatzgelände parken und zu Fuß auf das südlich gelegene Eibia-Gelände | **Tipp** Zwischen Benefeld und Bomlitz bietet das Waldbad an warmen Tagen den richtigen Freizeitspaß (Tel. 05161/49222).

16 Der Antikhof Drei Eichen

Handwerk, Kunst und Kultur unter einem Dach

Torsten Laskowski ist im Hauptberuf eigentlich Restaurator. Alte Möbelstücke werden unter seinen fachkundigen Händen zu echten Schmuckstücken. Doch Laskowskis Talent und Kreativität gehen darüber hinaus. Mit viel Sinn fürs Gestalterische hat er einen ehemaligen Bauernhof im Celler Land nicht nur zu seiner Werkstatt umgebaut, sondern daraus einen Ort mit viel Atmosphäre geschaffen. Der Antikhof Drei Eichen ist dadurch zu einem beliebten Veranstaltungsort für Privatfeiern und Events geworden.

In der alten Diele, in der Scheune oder im Bauerngarten wird an langen Tafeln gespeist, Kultur genossen, Kunst bewundert oder herrlich gefeiert. Egal, welche Art von Veranstaltung stattfindet, Beleuchtung und Ambiente sind immer perfekt darauf abgestimmt. Und so bietet Laskowski zusätzlich zur Kernkompetenz der Restaurierung auch Beratung bei Einrichtungs- und Gestaltungsfragen an.

Die jährlichen Highlights sind das Weinfest, das immer im September stattfindet, und der Nachtweihnachtsmarkt vor dem ersten Advent. Und natürlich die FlotART – ein regionales Fest für Kunst und Design. Seit 2010 findet das Festival jährlich statt – seit 2015 im Wechsel mit dem daraus hervorgegangenen KulturSOMMER in der Samtgemeinde Flotwedel. In Höfen, Scheunen und Schuppen, aber auch Ateliers, Museen und Dorfgemeinschaftshäusern und sogar einem Privathaus präsentieren Künstler und Kunsthandwerker aus dem gesamten Landkreis Celle und darüber hinaus ihre Werke.

Im Premierenjahr 2010 startete das Kulturereignis noch mit 70 Künstlern, 2014 waren es schon 210 an der Zahl. In kurzer Zeit hat sich die FlotART zu einem festen und wichtigen Bestandteil der Kulturlandschaft im östlichen Niedersachsen entwickelt. Und auch hier mischt Multitalent Torsten Laskowski nicht nur mit dem Antikhof als Veranstaltungsort mit. Er bringt als zweiter Vorsitzender des FlotART e. V. seine kreativen Gestaltungsideen ein.

Adresse Hauptstraße 56, 29356 Bröckel, www.antik-celle.com | **Anfahrt** A 7 bis Kreuz Hannover/Kirchhorst, A 37 Richtung Celle, weiter auf B 188 Richtung Gifhorn, bei Uetze links Richtung Celle/Bröckel, links auf Hauptstraße | **Öffnungszeiten** zu Veranstaltungen gemäß Website, auf Anfrage unter Tel. 05144/560177 oder auf gut Glück | **Tipp** Nur drei Kilometer entfernt liegt der Hof MilleFlori in Langlingen-Wiedenrode. Hier werden Nutz- und Zierpflanzen verkauft, und es finden kreative Workshops und Veranstaltungen statt (Do, Fr 9–13 und 14–18 Uhr, Sa 9–13 Uhr, Termine auf www.hof-milleflori.de).

17_Der Kulturbahnhof Holm-Seppensen

Ein Bahnhof von allen – für alle

Während in den großen Städten Theater und Kultureinrichtungen häufig durch kommunale Haushaltskürzungen von der Schließung bedroht sind, haben in einem kleinen Heideörtchen die Bürger das Kulturangebot selbst in die Hand genommen. Holm-Seppensen zählt rund 7.000 Einwohner, gehört gemeinderechtlich zur Stadt Buchholz, hat sich jedoch in vielen Bereichen seine Eigenständigkeit bewahrt. 2003 beschlossen ein paar engagierte Bürger, einen Förderverein zum Erhalt und zur Wiederbelebung des alten Bahnhofsgebäudes zu gründen. Holm-Seppensen ist zwar immer noch ein Haltepunkt der Heidebahn, das Empfangsgebäude des Bahnhofs stand aber seit einigen Jahren leer.

So entstand die Idee, das in der Ortsmitte gelegene Gebäude anzumieten, zu sanieren und daraus wieder einen lebendigen und überdies kulturellen Mittelpunkt des Ortes zu machen. Um dieses Ziel zu erreichen, sollten »1.000 Bürger für den Bahnhof« gewonnen werden. Gut zehn Jahre später hat der Förderverein immerhin die 700er Marke geknackt. Und ein belebtes Haus geschaffen.

Es entwickelte sich ein breit gefächertes festes Wochenprogramm für Jung und Alt mit Sprachkursen, Musik, Yoga, Gymnastik, Tanz und vielem mehr. Dazu kommen vielfältige Veranstaltungen, Filmabende, Workshops, Vorträge und Gesprächsrunden zu Politik- und Wirtschaftsthemen. Seit 2004 befindet sich auch eine Bücherei in den Räumlichkeiten, die Literatur aller Genres anbietet. Rund 2.000 Bücher sowie Hörbücher und Spiele sind im Angebot.

Was den Kulturbahnhof so erfolgreich macht? Das Engagement der Bewohner. Sie selbst haben die Einrichtung aufgebaut, sie selbst sind für das Angebot verantwortlich und sie selbst sind die Nutzer. Ob eine solche Initiative in großen, überschuldeten Kommunen auch realisierbar wäre?

Adresse Bahnhofsweg 4, 21244 Buchholz in der Nordheide-Holm-Seppensen, www.kubahose.de | **Anfahrt** A 1 bis Abfahrt Dibbersen, B 75 Richtung Buchholz, erste Ausfahrt nehmen, im Kreisverkehr dritte Abfahrt auf Dibberser Straße, dem Straßenverlauf über mehrere Kilometer bis Holm-Seppensen folgen, rechts auf Lohbergenweg, links auf Bahnhofsweg | **Öffnungszeiten** gemäß Veranstaltungsplan auf der Website | **Tipp** Im benachbarten Ortsteil Seppensen liegt der Alaris Schmetterlingspark, in dem tropische Falter bewundert werden können (April – Okt. täglich 10 – 17 Uhr).

18 Der Brunsberg

Schöner wandern in der Nordheide

Südwestlich von Buchholz erstrecken sich weite Waldflächen, in deren Mitte eine schöne und besonders gut gepflegte Heidefläche liegt. Die regelmäßige Beweidung durch Heidschnucken und das traditionelle Plaggen, bei dem die oberste Erdschicht abgestochen und als Einstreu für die Schafställe verwendet wird, sorgen für viele junge und schön blühende Heidepflanzen. Die Heidefläche erhebt sich bis zur Kuppe des Brunsbergs auf 129 Meter. Damit ist er zwar nicht der höchste Berg in der Lüneburger Heide, aber mit seiner Form und Vegetation bietet er einen einzigartigen 360-Grad-Ausblick. Im Süden reicht der Blick bis zum Wilseder Berg und darüber hinaus. Im Norden könnte man sogar bis Hamburg sehen, wenn nicht die Harburger Berge die Sicht verdecken würden. Besonders Sonnenuntergänge und die Silvesterfeuerwerke der umliegenden Orte lassen sich von hier oben genießen.

Seit 1954 stehen 65 Hektar des Brunsbergs unter Naturschutz. An seinen Hängen haben sich zum Teil tiefe Täler eingeschnitten. Unter ihnen ist die Höllenschlucht, durch die man auf den Brunsberg hinaufgelangen kann, das bekannteste. Man muss dem bekannten Heidschnuckenweg, der durch ein weißes H auf schwarzem Grund gekennzeichnet ist, vom Buchholzer Bahnhof über den Bahnhof Suerhop in den Mischwald folgen. Nach einer Kuppe folgt der Abstieg in das tief eingeschnittene Trockental der Höllenschlucht. Schmal und schattig ist es hier, die steilen Wände knapp zehn Meter hoch. Ein schöner Kontrast zur sonnigen und weitläufigen Heidefläche, die man wenig später erreicht, um auf den Brunsberg zu gelangen.

Wenn man dem Heidschnuckenweg über die gesamte Etappe bis ins Büsenbachtal und nach Handeloh folgt, muss man sich auf eine Tour von 15 Kilometern einstellen. Diese ist so schön und abwechslungsreich, dass sie von den Lesern des »Wandermagazins« 2014 zum schönsten Wanderweg in der Kategorie Tagestour gekürt wurde.

Adresse 21244 Buchholz in der Nordheide-Sprötze | **Anfahrt** A 1 bis Abfahrt Dibbersen, B 75 Richtung Buchholz, bei Buchholz links auf Bremer Straße, links auf Seppenser Mühlenweg, rechts auf Drosselweg, am Bahnhof Suerhop die Schienen überqueren und parken, zu Fuß den im Text beschriebenen Weg nehmen | **Tipp** Im Buchholzer Ortsteil Holm befindet sich eine historische Wassermühle. In der Holmer Mühle (Schierhorner Straße 1) ist an jedem zweiten Samstag im Monat Mahltag.

19 Die Aller per Kanu

Lebens- und Freizeitelixier der Südheide

Man könnte die Umgebung von Celle glatt als Hochburg für Kanuten bezeichnen. Mit Aller, Örtze, Lachte und Fuhse gibt es schließlich genügend Kanureviere, die man entdecken kann. Freiheit, Ruhe und Naturverbundenheit sind es, die erfahrene Kanuten genau wie Gelegenheitspaddler an diesem Sport begeistern. Einsteiger sollten sich zunächst für eine Tour auf der Aller entscheiden. Sie ist relativ breit und legt ein ruhiges Tempo vor, was sich für die ersten Paddelversuche als vorteilhaft erweisen kann. Auch für Familien mit Kindern ist die Aller daher ideal.

Die Aller entspringt in Sachsen-Anhalt und mündet nach rund 200 Kilometern bei Verden in die Weser. Ab Wolfsburg fließt sie durch ein eiszeitliches Urstromtal. Während der Saale-Eiszeit vor 200.000 Jahren durchflossen Schmelzwasser dieses Tal auf ihrem Weg zur Nordsee. Den Abschnitt zwischen der Okermündung bei Müden und Celle bezeichnet man als Mittelaller. Ab Celle beginnt die Niederaller, deren feuchte Flussauen vorwiegend durch Wiesenlandschaften geprägt sind. Sie durchquert aber auch reizvolle Wälder und hat an der ein oder anderen Stelle sogar kleine Sandbuchten zu bieten, die zu einer Pause mit Badevergnügen einladen.

Viele Bootsverleihe bieten geführte Paddeltouren von Celle bis Winsen an. Die rund 20 Kilometer lange Strecke kann je nach Tempo in vier, fünf oder sechs Stunden bewältigt werden. Von Winsen aus kann man nach Hornbostel oder Jeversen starten. Wem das zu weit ist, der kann auch lediglich die 13 Kilometer bis nach Stedden buchen. Ein Rücktransfer nach Celle wird meist durch den Kanuverleih organisiert. Es bieten sich aber auch Touren auf der Mittelaller von Müden bis Wienhausen oder ab Wienhausen bis Celle an. Hier zeichnet sich die Aller durch viele Altarme und Eichenhaine, die das Ufer begrenzen, aus. Für Gruppen werden auch Kanutouren in Kombination mit Barbecues oder Outdoorevents angeboten, wie beispielsweise von Meyer's Kanatour in Winsen.

Adresse Allerbrücke, 29223 Celle. Bei Allerleih (Fritzenwiese 49) kann man Kanus mieten. | **Anfahrt** A 7 bis Abfahrt Schwarmstedt, B 214 Richtung Celle, in Celle auf B 214 bleiben, am Neumarkt links auf B 3 Richtung Soltau, die B 3 führt direkt über die Allerbrücke | **Tipp** Das Garnisonsmuseum (Hafenstraße 4, Mi 13 – 17 Uhr, Sa 10 – 13 Uhr, Dez. – Feb. geschlossen) informiert über Celles Historie als Militärstandort, die die Stadt in den vergangenen Jahrhunderten über lange Zeit geprägt hat.

20 Die Flussfischerei Nölke

Aale aus der Aller

Das alte Fachwerkhaus an der Fritzenwiese 51 ist das letzte Zeugnis einer jahrhundertealten Celler Tradition. Denn hier, direkt an der Aller, hatten einst viele Flussfischer ihre Hütten stehen und Kähne im Wasser liegen. Übrig geblieben ist nur ein Fischereibetrieb – der von Hans-Friedrich Nölke.

Flussfischer gab es schon lange Zeit in Celle, als 1757, im Siebenjährigen Krieg, die vielen Fischerhütten auf der Fritzenwiese niedergebrannt wurden. Die französischen Belagerer wollten dadurch ein freies Schussfeld über die Aller haben. Im frühen 19. Jahrhundert begann die Zeit des Neuanfangs für die Flussfischer, und Nölkes Urururgroßmutter verkaufte frischen Fisch an die in Celle stationierten Franzosen. Nölke führt den Familienbetrieb, der nun schon seit mehr als 200 Jahren an diesem Standort besteht, in der siebten Generation fort.

Heute ist Celle mit Nölke nur noch ein einziger Berufsfischer geblieben. Der teilt sich mit Hobbyanglern von fünf Vereinen die Bewirtschaftung von 45 Flusskilometern der Aller auf der Strecke von Winsen über Celle bis Langlingen. Hier legt er seine Reusen aus, um vorwiegend Aale zu fangen. Gemeinsam mit den Angelvereinen setzt er aber auch jedes Jahr über 10.000 Jungtiere aus, um den Bestand zu pflegen. Ganz im Sinne einer nachhaltigen Fischerei.

Über edlem Erlen- und Buchenholz in einem alten Steinofen wird der frische Fang geräuchert, um ihm ein besonderes Aroma zu verleihen. Doch es sind nicht nur Aale, die im Räucherofen hängen, sondern auch Forellen und – zur entsprechenden Saison – Karpfen. Neben den geräucherten Spezialitäten gibt es Aal und Forelle auch grün – also gekocht mit einer Kräutersauce – sowie gebeizte Lachsforellen. Ein Besuch des Betriebs lohnt sich neben den Fischspezialitäten auch wegen des herrlichen Ausblicks, den man vom Innenhof auf die Aller und die gegenüberliegenden Dammaschwiesen genießen kann.

Adresse Fritzenwiese 51, 29221 Celle, www.nölkesfisch.de | Anfahrt A 7 bis Abfahrt Schwarmstedt, B 214 Richtung Celle, in Celle am Thaerplatz geradeaus auf Westcellertorstraße, rechts auf Südwall, links abbiegen und auf Südwall bleiben, rechts auf Bergstraße, links auf Wehlstraße, weiter auf Fritzenwiese | Öffnungszeiten Fr 9–18 Uhr, Sa 9–13 Uhr oder nach Vereinbarung | Tipp Ein in Celle eher junges Handwerk betreibt Gudrun Reske-Achenbach. Sie baut auf dem städtischen Weinhang (Alter Bremer Weg) Rotwein an, der zu offiziellen Anlässen ausgeschenkt wird. In ihrem kleinen Laden an der Fuhrberger Straße 181 verkauft sie hingegen den Wein ihrer Familie aus Rheinhessen.

21 Der Französische Garten

Grüne Oase in der Stadt

Inmitten von Celle erstreckt sich eine großzügige Grünanlage, die dem Stil nach an einen englischen Landschaftspark erinnert. Mit relativ wenigen Blühpflanzen und einer Gestaltung, die sich an den Gegebenheiten der Natur orientiert, stellte diese Art der Gartengestaltung ab dem 18. Jahrhundert einen Gegensatz zu den bis dato verbreiteten französischen Barockgärten mit ihrer geometrischen Strenge und zahlreichen Blumenbeeten dar. Und obwohl er auf den ersten Blick gar nicht danach aussieht, trägt der Celler Park dennoch den Namen Französischer Garten, was mit seiner Entstehungsgeschichte zusammenhängt.

Schon zu Beginn des 17. Jahrhunderts bestand an dieser Stelle ein Lustgarten. Das 1611 erbaute Renaissance-»Schlösschen« im Fachwerkstil, einst Dienstsitz des Hofgärtners, ist ein Überbleibsel aus dieser Zeit. Ab 1670 ließ Eleonore d'Olbreuse, Gattin von Herzog Georg Wilhelm, den Park in einen typisch französischen Barockgarten umwandeln. Sie beauftragte zunächst den aus Frankreich stammenden Gärtner Henri Péronnet. Nach dessen Tod im Jahr 1690 übernahm sein Landsmann René Dahuron die Aufgabe. Die schnurgerade vierreihige Lindenallee, die sich auf 330 Metern entlang der Nordseite des Parks erstreckt, ist ein markantes Relikt der damaligen Gestaltung. 1951 bis 1953 wurden die Bäume der Allee vollständig erneuert.

Dass ansonsten nicht viel von der barocken Gestaltung geblieben ist, geht zu einem Teil auf die dänische Königin Caroline Mathilde zurück. Sie wurde 1772 nach Celle verbannt, das seinen Status als Residenzstadt längst verloren hatte, und residierte im Schloss, bis sie 1775 überraschend verstarb. In dieser kurzen Periode erlebte auch der vernachlässigte Französische Garten eine erneute Blütezeit. Die endgültige Umgestaltung in einen englischen Landschaftspark erfolgte aber erst im 19. Jahrhundert unter dem hannoverschen Oberhofmarschall Malortie.

Adresse Wehlstraße, 29221 Celle | **Anfahrt** A 7 bis Abfahrt Schwarmstedt, B 214 Richtung Celle, in Celle rechts auf Fuhsestraße, im Kreisel zweite Ausfahrt auf Jägerstraße, weiter auf Sägemühlenstraße, weiter auf 77er Straße, links auf Wehlstraße | **Tipp** Im Französischen Garten befindet sich das LAVES Institut für Bienenkunde, das in zwei schönen Fachwerkhäusern untergebracht ist und einmal im Jahr seine Türen für die Öffentlichkeit aufsperrt (Termine unter Tel. 0441/570260 oder www.bieneninstitut.de).

22 Die Goldschmiede Bade

Aus Liebe zur Tradition

Die Altstadt von Celle ist besonders wegen ihrer vielen jahrhundertealten Fachwerkhäuser sehenswert. Fast 500 sind es an der Zahl, die denkmalgerecht restauriert das größte geschlossene Ensemble in Deutschland bilden. Am Großen Plan 23 befindet sich eine Hausanlage, die über 300 Jahre alt und noch in ihrer ursprünglichen Form erhalten ist. Darin besteht seit 1883 die Goldschmiede Bade, die heute in vierter Generation geführt wird. Das Vorderhaus mit dem Verkaufsraum wurde mit seinen Zimmern und Kontoren ebenso originalgetreu erhalten wie der idyllische Innenhof, der von ehemaligen Gesellenkammern, Wirtschaftsräumen, dem einstigen Pferdestall und der Goldschmiedewerkstatt umgeben ist. Genau wie beim Erhalt und der behutsamen Restaurierung des Gebäudeensembles wird auch im Betrieb auf Tradition Wert gelegt. Dass beides mit Herzblut geschieht, wird offensichtlich, wenn man weiß, dass Susanne Bade-Morcom – die Ururenkelin des Firmengründers Karl Bade – Mitbegründerin und Vorsitzende des Ortskuratoriums der Deutschen Stiftung Denkmalschutz ist. Zugleich ist sie die Inhaberin der Goldschmiede-Werkstatt und legt den Fokus ihrer Arbeit darauf, Werte zu erhalten. Ihr Motto lautet: Aus Tradition innovativ sein.

Jeden dritten Samstag im Monat gibt es Führungen durch die historische Werkstatt, die vom Innenhof aus zugänglich ist. Hier wird neuer Schmuck gefertigt, alter Schmuck restauriert und beides gepflegt. Es werden vorwiegend Einzelstücke und kleine Kollektionen hergestellt, oftmals nach Kundenwunsch. Dabei können in der eigenen Schmelze unterschiedlichste Goldlegierungen – egal, ob in Gelb, Rot, Weiß oder Rosé – hergestellt werden. Erbstücke oder alte Lieblingsstücke werden mit viel Fingerspitzengefühl so verändert, dass sie wieder getragen werden können. Eine Besonderheit sind die persönlich gravierten Taler, die gern zu unterschiedlichsten Anlässen, wie Taufe oder Einschulung, verschenkt werden.

Adresse Großer Plan 23, 29221 Celle, www.goldschmiede-bade.de | **Anfahrt** A 7 bis Abfahrt Schwarmstedt, B 214 Richtung Celle, in Celle am Thaerplatz geradeaus auf Westcellertorstraße, rechts auf Südwall, links abbiegen und auf Südwall bleiben, links auf Bergstraße, weiter auf Großer Plan | **Öffnungszeiten** Mo–Fr 9.30–18 Uhr, Sa 10–14 Uhr | **Tipp** Nur ein paar Straßen weiter, hinter der St.-Marien-Kirche, liegt die Kalandgasse mit ihren schönen Fachwerkhäusern. Die Alte Lateinschule mit ihrem aufwendigen Schnitzwerk ist das prächtigste Haus in der engen Gasse.

23 Das Hufeisen auf der Stechbahn

Die Sage vom tödlichen Sturz

Die kleinste der 111 Sehenswürdigkeiten, die in diesem Buch vorgestellt werden, befindet sich unscheinbar im Straßenpflaster nicht weit entfernt vom Celler Schloss. Auf der Stechbahn wird die moderne Pflasterung an einer Stelle durch alte, unebene Pflastersteine unterbrochen. Dort ist ein Hufeisen in den Boden eingelassen, daneben ein Stein mit der Jahreszahl 1471. Wenn man nichts von seiner Existenz weiß, bemerkt man es kaum. Doch selbst wenn man sich gezielt auf die Suche nach dem Hufeisen macht, muss man schon ein gutes Auge haben, um es zu entdecken. Um den Spaß nicht zu verderben, soll an dieser Stelle seine ganz genaue Lage nicht näher beschrieben werden.

Was aber erzählt werden soll, ist die Geschichte zum Hufeisen auf der Stechbahn. Die Straße trägt den Namen schon seit dem Mittelalter. Damals hieß sie Steckelbahn, denn hier lag einst der Turnierplatz der Stadt. Auch Herzog Otto V., genannt der Großmütige, ließ gern Turniere veranstalten. 1471 soll er der Sage nach sein letztes Turnier – eben hier auf der Steckelbahn – bestritten haben. Er soll dabei so unglücklich vom Pferd gestürzt sein, dass er genau an der Stelle des Hufeisens verstarb. Das Hufeisen muss schon vor mehreren hundert Jahren als Erinnerung an dieses Ereignis eingemauert worden sein, denn bereits 1763 wurde es von einem Historiker erwähnt. Allerdings tat er den tödlichen Unfall des Herzogs als Sage ab. Es soll vielmehr so gewesen sein, dass der Regent im selben Jahr ganz banal von einer Krankheit dahingerafft worden war.

Dennoch hat sich die Geschichte hartnäckig gehalten. 1938 wurde dann das Hufeisen bei Pflasterarbeiten in einem darunterliegenden älteren Pflaster entdeckt. Man ließ ein ähnlich aussehendes anfertigen und ins neue Pflaster einmauern.

Adresse Stechbahn, 29221 Celle | Anfahrt A 7 bis Abfahrt Schwarmstedt, B 214 Richtung Celle, in Celle auf B 214 bleiben, am Neumarkt rechts auf Hehlentorstraße, rechts auf Kanzleistraße, links auf Markt, rechts auf Stechbahn | Tipp Vom Turm der Stadtkirche St. Marien an der Stechbahn spielt täglich um 16.45 Uhr, am Wochenende auch um 9.45 Uhr, der Turmbläser einen Choral in jede Himmelsrichtung.

24 Huth's Kaffeerösterei

Weit mehr als Kaffee

Kaffee ist in! Das schwarze Heißgetränk wird heutzutage verkostet und bewertet, als handele es sich um edelsten Jahrgangswein. »Barista« ist zum begehrten Ausbildungszertifikat unter jungen Männern geworden, die bislang einen schlichten Thekenjob hatten. Und in den Szenevierteln Berlins sprießen kleine Kaffeehäuser, die ihre Bohnen selbst rösten, wie Pilze aus dem Boden. Bei »Huth's« in Celle erhält man das »Szenegetränk« ebenfalls aus hauseigener Produktion und in exzellenter Qualität. Nur mit dem Unterschied, dass man hier nicht einem Trend nacheifert, sondern bereits vor weit mehr als 100 Jahren mit dem Rösten von Kaffeebohnen begann.

1851 war es Friedrich Huth, der sein Colonial- und Materialwarengeschäft in der Celler Altstadt eröffnete. Huth handelte mit ausländischen Waren wie Gewürzen, Tee, Kakao und natürlich Kaffee, aber auch mit Scheren, Feilen, Garn oder Kerzen. Schon bald belieferte er den Königlichen Hannoverschen Hof, der nur wenige Straßen weiter residierte. Betritt man heute den Laden mit seinen unzähligen Regalfächern und Schubladen, fühlt man sich unweigerlich in diese Zeit versetzt. Die Gebrauchsartikel findet man mittlerweile nicht mehr im Programm, dafür aber wirklich alles, was das Feinschmeckerherz begehrt. Fast könnte man beim Anblick der vielen süßen und würzigen Leckereien vergessen, dass man eigentlich wegen des Kaffees gekommen ist. Wenn da nicht der wundervolle Duft wäre, den das frisch gemahlene tiefbraune Pulver verströmt.

In fünfter Generation betreibt Joachim Schwanitz, eigentlich promovierter Jurist, das Geschäft, das er 2002 von seinem Vater übernommen hat. Er und seine Mitarbeiter rösten die Bohnen, die aus ausgesuchten Hochlagen stammen, bei maximal 200 Grad. Dieser schonenden Verarbeitung ist das besondere Aroma der mehr als ein Duzend verschiedenen Kaffee- und Espressosorten zu verdanken.

Adresse Großer Plan 7, 29221 Celle, www.huthskaffee.de | **Anfahrt** A 7 bis Abfahrt Schwarmstedt, B 214 Richtung Celle, in Celle am Thaerplatz geradeaus auf Westcellertorstraße, rechts auf Südwall, links abbiegen und auf Südwall bleiben, links auf Bergstraße, weiter auf Großer Plan | **Öffnungszeiten** Mo–Fr 9–18 Uhr, Sa 9–17 Uhr | **Tipp** Ebenfalls langjährige Tradition, allerdings im Handel mit Wein und Spirituosen, hat die Weinhandlung Bornhöft (Zöllnerstraße 29), die seit 1889 existiert.

25 Der Italienische Garten

Bauhausstil in Blau, Weiß, Rot

Wer unter der Ortsangabe »Italienischer Garten« eine schön gestaltete Grünanlage nach mediterranem Vorbild erwartet, kommt rund 100 Jahre zu spät. Einst vom italienischen Gartenbaumeister Gasparo Ferri konzipiert, musste der Park in den Jahren 1924 und 1925 einer neuen Siedlung der Celler Volkshilfegesellschaft weichen. Entstanden sind zehn Wohnhäuser, die in dem vom Bauhaus beeinflussten Stil des Neuen Bauens errichtet wurden.

Sehenswert ist der Italienische Garten dennoch. Oder gerade deshalb. Denn die Siedlung ist in ihrer Geschlossenheit eine markante Zeitzeugin für die Formensprache des damaligen modernen Stils – wenn auch mit einer eher ungewöhnlichen Farbgebung. Die Häuser bestehen aus hervortretenden und zurückgesetzten Kuben, von denen die letztgenannten in kräftigem Rot und Blau getüncht wurden. Seit einer umfassenden Sanierung der Siedlung in den Jahren 2005 und 2006 strahlen die Farben wieder, und die Fenster erhielten ihre ursprüngliche Sprosseneinteilung zurück, sodass die Siedlung zumindest äußerlich dem Ursprungszustand wieder sehr nahekommt.

Verantwortlicher Architekt war Otto Haesler, der Celle als Architekt an mehreren Stellen mit seinem sachlichen Stil prägte, wie bei der Altstädter Schule oder der Siedlung Georgsgarten – allerdings nicht ganz so farbenfroh. Auch wenn sein Name nicht dieselbe Berühmtheit erlangt hat wie der eines Ludwig Mies van der Rohe, zählt er doch zu den wichtigsten Vertretern der verschiedenen Bauhausströmungen. Das Besondere an Haeslers Stil war sein Fokus auf die sozialen Aspekte seiner Siedlungen. Sein Ziel war es, bezahlbaren Wohnraum zu schaffen, der einen guten Wohnstandard bot und zugleich eine moderne Ästhetik realisierte. Diese Verknüpfung beherrschte seinerzeit kaum ein Architekt so vollendet wie Haesler. Mit dem Italienischen Garten hatte er diese Art des Bauens erstmalig und erfolgreich erprobt.

Adresse Italienischer Garten, 29221 Celle | **Anfahrt** A 7 bis Abfahrt Schwarmstedt, B 214 Richtung Celle, in Celle rechts auf Fuhsestraße, im Kreisel zweite Ausfahrt auf Jägerstraße, weiter auf Sägemühlenstraße, weiter auf 77er Straße, links auf Wehlstraße, rechts auf Italienischer Garten | **Tipp** Ganz andere sehenswerte Architektur mit italienisch klingendem Namen befindet sich am Großen Plan 14, wo das Stechinelli-Haus steht. Benannt wurde es nach dem aus Rimini stammenden Hofbankier der Welfenherzöge, der in dem imposanten Gebäude ab 1675 wohnte.

26 Der Lichtraum

Das Highlight im Kunstmuseum

Unzählige Lichtpunkte an Wänden, Decke und Boden tanzen durch den dunklen Raum. Die Lichtkomposition ändert ihre Form und ihre Farben und hüllt den Betrachter in ein Universum aus Licht ein. So wird ein ganzer Raum zum Lichtkunstobjekt, dessen Erschaffer kein Geringerer als Otto Piene war, Mitbegründer der legendären Künstlergruppe ZERO und Vordenker in Sachen Lichtkunst. Er ist nur einer von drei fest installierten Lichträumen Pienes, die es in deutschen Museen zu sehen gibt.

2001 hat der Kunstsammler Robert Simon den Großteil seiner Sammlung in eine nach ihm benannte Stiftung überführt, die zusammen mit der Kunststiftung Celle zum Kunstmuseum wurde. Seither hat darin auch die Lichtkunstsammlung einen wichtigen Stellenwert eingenommen und zählt zu den größten ihrer Art in einem öffentlichen Museum. 2006 konnte das Kunstmuseum seinen neuen Anbau, einen Glaskubus, einweihen und wurde damit zum ersten offiziellen 24-Stunden-Kunstmuseum. Denn nachts verwandelt sich die gläserne Fassade in eine riesige Lichtinstallation und gibt zugleich den Blick auf Kunstwerke im Inneren frei. Im Außenbereich des Museums gibt es zudem einen Lichtkunst-Parcours, zu dessen Highlights der von Otto Piene gestaltete Leuchtfries »Zone Zero«, die »Quantenlandschaft« von Francesco Mariotti oder der »Blaulichttanz« von Vollrad Kutscher zählen.

Doch das Highlight bleibt der Lichtraum, den Piene 2001 anlässlich seiner Retrospektive »Lichtjahre« im Kunstmuseum Celle geschaffen hat. Die Besonderheit dabei ist, dass die Lichtstrahlen nicht nur aus den installierten und perforierten Würfeln entsendet werden, sondern Wände und Decke ebenfalls zu Lichtquellen werden, anstatt nur Projektionsfläche zu sein. Diese Lichteffekte haben eine beruhigende, sogar meditative Wirkung. Denn die anfängliche Begeisterung der Besucher verwandelt sich zumeist schnell in eine besinnliche Betrachtung des Farbenspiels.

Adresse Schloßplatz 7, 29221 Celle, www.kunst.celle.de | **Anfahrt** A 7 bis Abfahrt Schwarmstedt, B 214 Richtung Celle, in Celle auf B 214 bleiben, am Neumarkt rechts auf Hehlentorstraße, rechts auf Kanzleistraße, links auf Schloßplatz | **Öffnungszeiten** am Tag/im Museum: Di–So 11–17 Uhr, bei Nacht/draußen: täglich ab Einbruch der Dämmerung | **Tipp** Eine ganz andere Art der Lichtkunst gibt es in der Rundestraße. Hier stehen fünf sprechende Laternen, die demjenigen, der sich in ihre Mitte stellt, Kurzgeschichten über das Celler Stadtleben erzählen.

27 Das Neue Rathaus

Von der Kaserne zur Verwaltung

Unter dem Namen »Neues Rathaus« findet man in vielen Städten einen mehr oder weniger modernen Verwaltungskomplex, erbaut in der zweiten Hälfte des 20. Jahrhunderts. In Celle hingegen trägt diesen Titel ein imposanter Backsteinbau, der im Stile der Neogotik errichtet wurde. 181 Meter lang, mit einer Firsthöhe von 25 Metern, geschmückt von zwei Türmen. Sitz der Stadtverwaltung mit allen ihr zugehörigen Fachdiensten ist das Gebäude allerdings erst seit 1999. Davor diente es mehr als 100 Jahre lang als Kaserne.

Celle war seit dem 17. Jahrhundert fast durchgängig auch Garnisonsstadt. Zunächst waren es die Soldaten des hier ansässigen Herzogs, später die des Kurfürstentums Hannover, die in der Stadt stationiert waren. 1852 – Hannover hatte sich rund 40 Jahre zuvor zum Königreich erklärt – erwarb die Königliche Hannoversche Militärverwaltung das Gelände am Französischen Garten, um hier eine Kaserne errichten zu lassen. 1869 begann der Bau, allerdings durch die Preußen, die zwischenzeitlich das Königreich Hannover annektiert hatten. 1872 konnte das 2. Hannoversche Infanterieregiment Nr. 77 die sogenannte Heidekaserne beziehen. In den fünf Geschossen boten 300 Zimmer rund 1.200 Soldaten eine Unterkunft.

Nach dem Ersten Weltkrieg wurde das Regiment aufgelöst, und in das Gebäude zogen während der Weimarer Republik Einheiten der Reichswehr, später, zur Zeit des Nationalsozialismus, die Wehrmacht ein. Nach 1945 wurde die Kaserne Heimat für britische Truppen und trug den Namen Taunton Barracks. Als 1992 die letzten Soldaten des 14. Signal Regiment den Standort verließen, waren die Tage der Heidekaserne als militärisches Gebäude gezählt. Vier Jahre später begannen der Umbau zum Neuen Rathaus und die Umgestaltung der benachbarten Exerzierhalle zum Veranstaltungsgebäude. Und so kann sich Celle an einem wahrhaft prächtigen Verwaltungsgebäude mit öffentlichem Park, dem Stadtgarten, erfreuen.

Adresse Am Französischen Garten 1, 29221 Celle | **Anfahrt** A 7 bis Abfahrt Schwarmstedt, B 214 Richtung Celle, in Celle rechts auf Fuhsestraße, im Kreisel zweite Ausfahrt auf Jägerstraße, weiter auf Sägemühlenstraße, weiter auf 77er Straße, links auf Wehlstraße, rechts auf Am Französischen Garten | **Tipp** Nicht weit vom Stadtgarten entfernt werden im »Esszimmer« (Hostmannstraße 37) die Gäste mit sehr guter Küche verwöhnt (Mi–Sa 17–22 Uhr, So 12–14.30 und 17–21 Uhr).

28 Die Tansey-Miniaturen

Die größte Sammlung der kleinsten Gemälde

1892 gründete Wilhelm Bomann ein heimatkundliches Museum in Celle, das sich in gut einem Jahrhundert zum drittgrößten Museum Niedersachsens entwickelt hat. So zeigt es heute die Heimat- und Kulturgeschichte der Stadt Celle und ihres Umlands mit vielfältigen und spannenden Aspekten. Unter seinem Dach und im Anbau befinden sich zugleich das Kunstmuseum sowie verschiedene Sammlungen aus Privat- oder Stiftungsbesitz. Auch das deutsch-amerikanische Ehepaar Tansey vertraute seine Sammlung, die 1997 teilweise in eine Stiftung überführt wurde, dem Bomann-Museum an.

Lieselotte und Ernest Tansey sammeln seit gut 40 Jahren Miniaturporträts aus dem 16. bis frühen 20. Jahrhundert. Dabei bauten sie die weltweit größte und bedeutendste Sammlung an Kunstwerken im Kleinstformat auf. Miniaturen wurden in früheren Jahrhunderten meist als Erinnerung an einen geliebten Menschen angefertigt. Oft wurden sie als Anhänger an einer Halskette getragen oder auf Schatullen, Döschen oder Ähnlichem angebracht. Die Sammlung Tansey umfasst besonders viele Miniaturen aus dem Rokoko, aber auch aus der Zeit der Französischen Revolution oder der Biedermeierzeit im beginnenden 19. Jahrhundert. Die Feinheit und Detailgenauigkeit, mit der die winzigen Porträts gemalt wurden, ist wirklich beeindruckend. Bei genauer Betrachtung der Miniaturen fällt auf, dass das Licht fast immer von links einfällt. Dies liegt daran, dass die Künstler auf genau diesen Lichteinfall achten mussten, um sich bei der Arbeit nicht mit dem Schatten der eigenen Hand zu behindern.

Das Bomann-Museum zeigt in der Dauerausstellung stets nur einen Teil der umfangreichen Tansey-Sammlung, jeweils ausgewählt nach einem Thema oder einer Epoche, wie beispielsweise den bereits genannten. Die allererste Miniaturen-Präsentation war jedoch übergreifend – hierfür wählten Lieselotte und Ernest Tansey ihre 150 Lieblingsstücke aus.

Adresse Schloßplatz 7, 29221 Celle, www.tansey-miniatures.com | Anfahrt A 7 bis Abfahrt Schwarmstedt, B 214 Richtung Celle, in Celle auf B 214 bleiben, am Neumarkt rechts auf Hehlentorstraße, rechts auf Kanzleistraße, links auf Schloßplatz | Öffnungszeiten Di – So 11 – 17 Uhr | Tipp Im gegenüberliegenden Schloss lohnt sich ein Besuch des Schlosstheaters. Es ist Europas ältestes Barocktheater, das regelmäßig bespielt wird und über ein festes Ensemble verfügt (www.schlosstheater-celle.de).

29 Der Heilpflanzengarten

Auf den Spuren Albrecht Thaers

Albrecht Daniel Thaer war eigentlich Arzt in Celle – so wie sein Vater. Doch er interessierte sich viel mehr für das Studium der Tier- und Pflanzenwelt sowie für die Landwirtschaft. Schnell erarbeitete sich Thaer eine hohe Reputation auf diesem Fachgebiet, sodass ihm 1804 vom preußischen König das Gut Möglin überlassen wurde, wo er die erste deutsche landwirtschaftliche Akademie einrichtete. Seither gilt er als Begründer der deutschen Agrarwissenschaft.

Doch bevor es dazu kam, war Thaer noch einige Jahre in Celle aktiv. Er kaufte große Flächen, um Ackerbau und Viehwirtschaft zu betreiben und landwirtschaftliche Versuche durchzuführen. Dabei entwickelte er die Fruchtwechselwirtschaft, die einen gewaltigen Fortschritt darstellte. Die bis dato übliche Dreifelderwirtschaft reichte nämlich nicht mehr aus, um die wachsende Bevölkerung zu versorgen. Auch im Bereich der Viehzucht und beim Einsatz landwirtschaftlicher Maschinen war er mit seinen Versuchen erfolgreich.

An den Dammasch-Wiesen betrieb er seine Forschungsarbeit und gründete 1802 das erste deutsche landwirtschaftliche Lehrinstitut. Auf einem Hang oberhalb der Wiesen, ganz in der Nähe seiner ehemaligen Wirkungsstätte, befindet sich heute eine Außenstelle der nach Albrecht Thaer benannten Schule für Agrarwirtschaft, Ernährung und Hauswirtschaft. In dem ehemaligen Bauerngarten der Schule ist ein Heilpflanzengarten angelegt worden, der mit 7.000 Quadratmetern einer der größten seiner Art in Europa ist. Hier lassen sich nicht nur Heilkräuter, sondern auch Gift-, Duft- und Aromapflanzen entdecken.

Mit dem Heilpflanzengarten sind auch das Café KräuThaer und der KräuThaer Laden entstanden, in denen die Schüler praktische Erfahrungen zur Berufsvorbereitung sammeln. Die leckeren Torten im Café und vielfältigen Produkte im Laden, wie Chutneys, Konfitüren oder Tees, werden größtenteils von den Schülern selbst hergestellt.

Adresse Wittinger Straße 76, 29223 Celle-Hehlentor, www.cafe-kraeuthaer.de | Anfahrt A 7 bis Abfahrt Schwarmstedt, B 214 Richtung Celle, in Celle auf B 214 bleiben, am Neumarkt links auf B 3 Richtung Soltau, am Torplatz rechts auf Lüneburger Straße, rechts auf Wittinger Straße | Öffnungszeiten Heilpflanzengarten März – Nov. Mo – So 10 – 18 Uhr, Café Mi – So 14 – 18 Uhr | Tipp In nur wenigen Autominuten erreicht man das Orchideenzentrum Wichmann (Tannholzweg 1 – 3). In dem Familienbetrieb werden seit mehr als 100 Jahren die prächtigen Blumen in unterschiedlichsten Farben und Formen gezüchtet (Mo – Fr 10 – 18 Uhr, Sa 10 – 15 Uhr, So 10 – 12 Uhr).

30 Das Niedersächsische Landgestüt

Wiege der Hannoveraner

Der Name Hannoveraner ist nicht nur Reitsportlern ein Begriff. Schließlich ist diese Rasse weit verbreitet und hat schon viele Turniersieger in den Disziplinen Springen, Dressur und Vielseitigkeit hervorgebracht. Was aber nicht jeder weiß: Die Zucht der Warmblüter geht auf das Niedersächsische Landgestüt zurück, das in Celle beheimatet ist. Seine Gründung erfolgte im Jahr 1735 auf Erlass von keinem Geringeren als Georg II., König von England und Kurfürst von Hannover. Ziel der Zucht war es, ausreichend Pferde für die Kavallerie zu haben. Darüber hinaus sollten aber auch den Landwirten des Fürstentums gute Deckhengste bereitgestellt werden. Dass ausgerechnet Celle als Standort für das Gestüt ausgewählt wurde, lag an der zuvor erfolgten Verlegung der kurfürstlichen Residenz nach Hannover. Sozusagen als Entschädigung erhielten die Celler das Gestüt sowie weitere Institutionen, um die Bedeutung der Stadt aufrechtzuerhalten.

Zunächst begann man die Zucht mit 13 holsteinischen Hengsten. Durch die damals enge Verbindung zum englischen Königreich konnten die dortigen züchterischen Erfahrungen genutzt und im weiteren Verlauf englische Vollblüter zur Veredelung angekauft werden. Schon im Jahr 1800 waren 100 Deckhengste im Einsatz. In der Mitte des 20. Jahrhunderts war der militärische Einsatz von Pferden Vergangenheit, und auch in der Landwirtschaft wurden kaum noch Pferde benötigt. So konzentrierte man sich auf dem Landgestüt fortan auf die Zucht von Sportpferden. Und das ziemlich erfolgreich. Mit jährlich 6.500 gedeckten Stuten gehört es zu den weltweit größten Zuchtbetrieben.

Für Pferdefreunde sind die jährlichen Hengstparaden im September das Highlight auf dem Landgestüt. Aber auch an anderen Tagen sind die Türen offen, und man kann einen Blick hinter die Kulissen werfen.

Adresse Spörckenstraße 10, 29221 Celle-Neuenhäusen, www.landgestuetcelle.de | **Anfahrt** A 7 bis Abfahrt Schwarmstedt, B 214 Richtung Celle, in Celle rechts auf B 3 Richtung Hannover, rechts auf Spörckenstraße | **Öffnungszeiten** Mo–Fr 8–12 und 13–16 Uhr, Sa 8–12 Uhr | **Tipp** Fast in der Nachbarschaft, an der Hannoverschen Straße 30e, liegt das Kino achteinhalb (www.kino-achteinhalb.de). Ein Kulturprojekt mit Programmkino.

31 Das Trift-Mahnmal

Erinnerung an Celles dunkelste Stunde

Celle hatte in der NS-Zeit eine eher unauffällige Rolle. Die Stadt war weder eine Hochburg von Nationalsozialisten noch von Widerstandskämpfern. Man hatte sich mit dem Regime arrangiert. Doch dann kam der 8. April 1945 – nur vier Tage bevor die britischen Truppen einmarschierten. Es war der Tag, an dem sich auch in Celle zeigte, wie grausam der Nationalsozialismus war. Und wie schnell er ganz normale Bürger in seinen Bann ziehen konnte.

Am 8. April wurde die Stadt Ziel eines Bombenangriffs, der die wichtige Bahnverbindung von Süden nach Hannover zerstören sollte. Die Bomben trafen den Güterbahnhof und einen dort stehenden Zug, der rund 4.000 Häftlinge aus Außenlagern ins KZ Bergen-Belsen bringen sollte. Etwa 500 Insassen fielen dem Angriff zum Opfer. Diejenigen, die überlebten, versuchten zu fliehen. Die SS hatte sich jedoch bis zuletzt das Ziel gesetzt, keinen Häftling lebend entkommen zu lassen. So wurden die Flüchtigen gejagt, zusammengetrieben, erschossen. Wehrmacht und SS waren dabei federführend. Es beteiligten sich aber auch zunehmend Bürger der Stadt an der »Hasenjagd«, wie das Massaker später euphemistisch genannt wurde. Waren es zunächst Mitglieder des Volkssturms und der Hitlerjugend, mobilisierte der Kommandoführer der Wehrmacht durch die Aussage, die entflohenen Häftlinge hätten sich bewaffnet, würden plündern und Gewalttaten verüben, weitere Bürger. Durch die Hetzjagd kamen rund 170 Menschen ums Leben, nur etwa 40 konnten fliehen. Die anderen wurden in einem Gewaltmarsch bis nach Bergen-Belsen getrieben.

In den Trift-Anlagen unweit des Bahnhofs wurde 1992 ein Mahnmal geschaffen, das an dieses beschämende Massaker erinnern und der dabei Ermordeten gedenken soll: eine Rotbuche, die von einem liegenden Quadrat aus Stahl umgeben ist. Darauf eine Tafel, deren Inschrift in Kürze die unfassbare Geschichte vom 8. April 1945 erzählt.

Adresse Trift-Anlagen, 29221 Celle-Neuenhäusen | **Anfahrt** A 7 bis Abfahrt Schwarmstedt, B 214 Richtung Celle, die B 214 wird in Celle zur Bahnhofstraße, diese führt direkt an den Trift-Anlagen vorbei | **Tipp** Neben der Celler Synagoge, die als älteste niedersächsische Fachwerksynagoge gilt, befindet sich ein Museum, das über die jüdische Geschichte und das jüdische Leben in Celle informiert (Im Kreise 23–24).

32 Das Jagdmuseum Wulff

Weit mehr als eine Trophäensammlung

In dem Heidedorf Oerrel steht ein außergewöhnliches Museum, das wie viele private Ausstellungshäuser auf die Initiative einer besonders engagierten Person zurückzuführen ist. In diesem Fall hieß die Person Günter Wulff, und sein Engagement, besser gesagt seine Leidenschaft, gehörte voll und ganz der Jagd. Mehr als 700 Trophäen sammelte der Unternehmer in heimischen Gefilden, wie auch bei der Großwildjagd in Afrika. Nach seinem Tod wurde die Sammlung in eine Stiftung überführt und der Öffentlichkeit zugänglich gemacht – so war es der testamentarische Wunsch Wulffs. Um seine Trophäen standesgemäß zu präsentieren, ließ er sich in den 1960er Jahren ein Jagdhaus errichten, das architektonisch an eine Hütte aus Bayern erinnert. Passend dazu wurde nebenan eine kleine Kapelle platziert, in der der Jagd und der erlegten Tiere gedacht wurde.

Heute steht das kleine Gotteshäuschen symbolisch dafür, dass das Jagen nicht ausschließlich der Spaßbefriedigung des Jagenden dient, sondern auch mit einer Wertschätzung der Natur geschehen soll. Stets hatte das Jagen auch die Aufgabe der Bestandskontrolle und diente damit gleichermaßen dem Schutz schwächerer Tierarten. Auch heute noch ist eine ökologisch ausgerichtete Jagd von großer Bedeutung für die Wälder. Wie diese Form des Jagens aussieht und wie sich die Maßstäbe im Gegensatz zu früher verändert haben, darüber will das Jagdmuseum Wulff aufklären. 2014 wurde es gänzlich neu gestaltet, weg von der bloßen Präsentation der Trophäen. Seither bietet es viele Informationen über die Lebensweise der heimischen Wildtiere. In beeindruckenden Dioramen sind die ausgestopften Exponate so angeordnet, als befänden sich die Tiere in ihrem natürlichen Lebensumfeld. Ergänzt wird die Ausstellung durch das weitläufige Freigehege. Auf dem »Pirschgang Natur« kann man Wildschweine, Dam-, Rot- und Muffelwild beobachten – aber keinesfalls schießen.

Adresse Hässelmühler Straße 28, 29386 Dedelstorf-Oerrel, www.jagdmuseum-wulff.de | **Anfahrt** über B 4 auf B 244 Richtung Hankensbüttel, rechts auf Elwerathstraße, im Kreisel erste Abfahrt Richtung Oerrel, links auf Hässelmühler Straße | **Öffnungszeiten** März–Nov. Mi–Sa 14–16 Uhr, So und Feiertage 13–16 Uhr | **Tipp** Oerrel ist bekannt für seinen Spargel. Den kann man zur Saison zum Beispiel im Restaurant »Zur Linde« in Hankensbüttel, in dem hauptsächlich regionale Produkte verarbeitet werden, genießen (Hindenburgstraße 2, Mi–So 11.30–14 und 17.30–23 Uhr).

33__Die Ebstorfer Weltkarte

Wie Christen einst die Welt sahen

Die Kunst des Mittelalters war überwiegend von sakraler Art. Aufwendige Gemälde, Bildhauer- und Steinmetzarbeiten wurden oft für Kirchen oder Klöster in Auftrag gegeben. Und so stammen auch in der Lüneburger Heide die meisten mittelalterlichen Kunstschätze aus Gotteshäusern. Den wohl bedeutendsten Fund der Region machte eine Konventualin im evangelischen Benediktinerinnenkloster Ebstorf im Jahre 1830. In einer Abstellkammer lag unscheinbar ein aufgerolltes Bündel aus 30 zusammengenähten Tierhäuten, das nach genauerer Betrachtung eine riesige mittelalterliche Weltkarte darstellte. Vermutlich um 1300 haben unbekannte Künstler – vielleicht Ordensangehörige – die fast 13 Quadratmeter große Darstellung der damals bekannten Welt angefertigt. Mehr als 2.300 Einträge in Form von Abbildungen oder Namen, beispielsweise von Städten, Ländern, Inseln oder Flüssen, machen die Ebstorfer Weltkarte zur größten und reichhaltigsten ihrer Art und ihres Alters.

Sie ist mehr als eine geografische Karte und zeigt das christlich geprägte Weltbild der damaligen Zeit. Die kreisförmige Radkarte stellt die Welt als Leib Christi dar, dessen Kopf, Hände und Füße an den Rändern der Karte zu sehen sind. Im Zentrum befindet sich Jerusalem, Europa ist links unten dargestellt – Teile davon wurden durch Mäusefraß und Feuchtigkeit während der langen Lagerzeit zerstört. Oben rechts fehlt ein weiteres Stück der Karte, dieses wurde nach ihrem Auffinden aus ungeklärten Gründen herausgeschnitten.

Leider verbrannte das Original der Ebstorfer Weltkarte 1943 bei einem Luftangriff auf Hannover – damals lagerte sie im dortigen Hauptstaatsarchiv. Doch dank Kopien, die noch im 19. Jahrhundert angefertigt worden waren, entstanden in den 1950er Jahren vier originalgetreue Reproduktionen, von denen eine am Originalfundort im Kloster Ebstorf bestaunt werden kann.

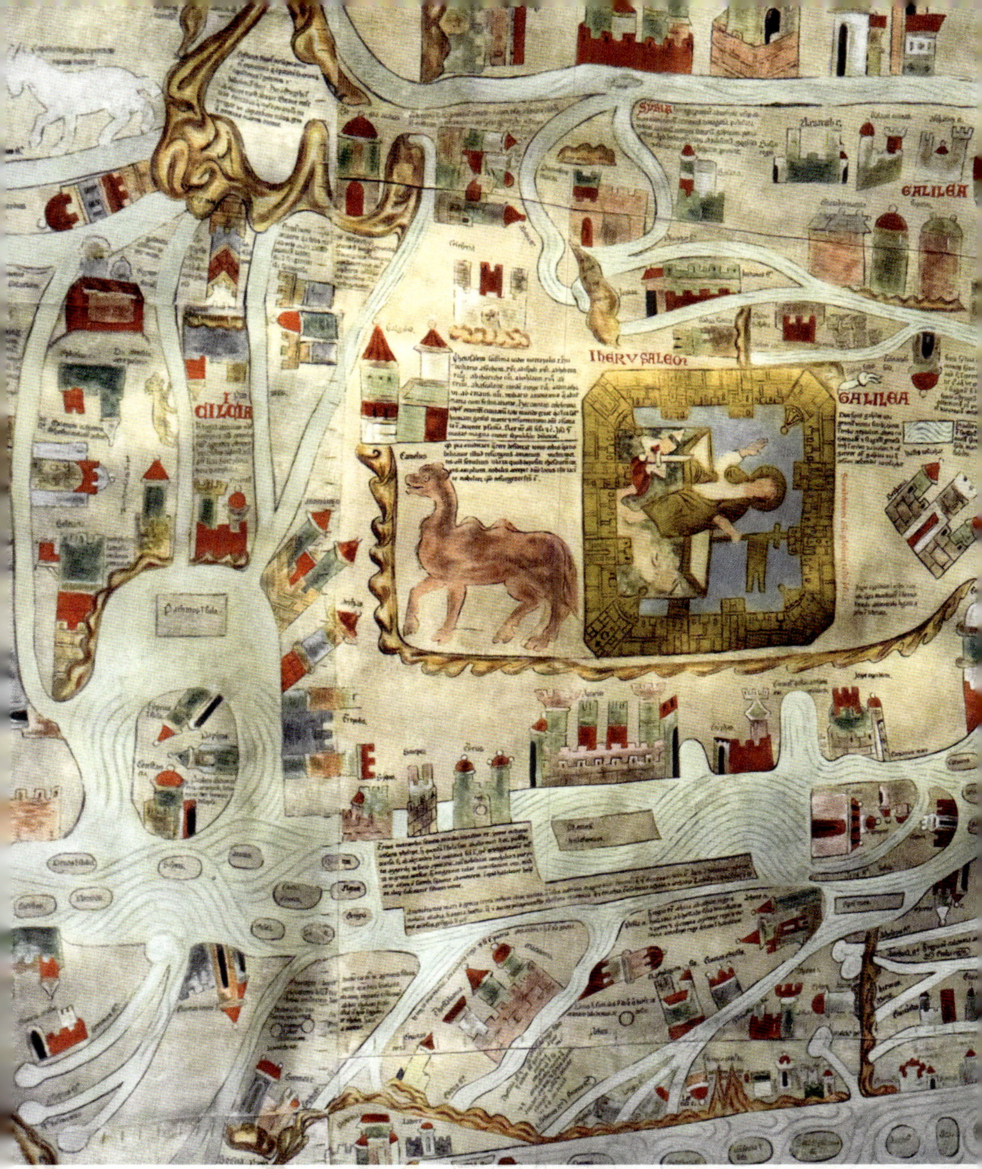

Adresse Kirchplatz 10, 29574 Ebstorf, www.kloster-ebstorf.de | **Anfahrt** A 39 bis Abfahrt Lüneburg-Nord, weiter auf B 4 Richtung Lüneburg, auf B 4 Richtung Uelzen bleiben, bei Melbeck rechts Richtung Ebstorf, im Ort der Beschilderung zum Kloster folgen | **Öffnungszeiten** April – Mitte Okt. Einlass Di – Sa 10 – 11 und 14 – 17 Uhr, So und kirchliche Feiertage 14 – 17 Uhr, Mitte – Ende Okt. Einlass Di – So 14 Uhr (Besichtigung nur mit Führung) | **Tipp** Von der Feldsteinkirche im benachbarten Heidedorf Hanstedt I führt der Auferstehungsweg durch die Natur zum Kloster Ebstorf (circa vier Kilometer). An 13 Stationen werden Auferstehungstexte durch Bilder des Künstlers Werner Steinbrecher ergänzt.

34 Der Barfußpark

Pikt, matscht und tut gut

72.000 Nervenenden, die mit dem gesamten Körper verbunden sind, laufen in den Füßen zusammen. Kein Wunder, dass eine Fußreflexzonenmassage solch wohltuende Wirkung auf den Organismus hat. Statt Massagen genügt aber auch schon regelmäßiges Barfußlaufen. Dadurch wird die Fußmuskulatur trainiert und zugleich das Immunsystem gestärkt. Doch meist ist der glatte Belag der Dusche der einzige Untergrund, den unsere Füße täglich nackt spüren. Ansonsten sind sie den ganzen Tag in Haus- oder Straßenschuhe eingezwängt, was zu einer Erschlaffung der Muskulatur und Fehlstellungen führen kann.

Wie sich Gras, Wasser, Steine, Sand, Lehm, Erde, Rinde oder sogar Glasscherben unter den Fußsohlen anfühlen, haben wir fast vergessen beziehungsweise noch nie erlebt. Im Egestorfer Barfußpark kann man all dies ausprobieren – auf einem 14 Hektar großen Gelände. Auf dem fast drei Kilometer langen Rundweg bieten 60 Erlebnisstationen die vielfältigsten Sinneseindrücke – und das nicht nur für die Füße. Es gibt Stationen zum Fühlen, Riechen, Hören, Klettern, Kriechen, Balancieren und mehr. Dabei orientiert sich die Parkgestaltung an den Kneipp'schen Grundsätzen. Diese gehen weit über die heilsame Wirkung des Wassertretens – natürlich ist auch das im Barfußpark erlebbar – hinaus. Es handelt sich vielmehr um einen ganzheitlichen Ansatz, der das Zusammenspiel der Heilkräfte von Wasser, Pflanzen, Bewegung, Ernährung und innerer Balance beinhaltet. Und so findet man auf dem Gelände auch einen Kräutergarten, einen Yoga-Wald, eine Sauna, ein Schwimmbad, ein Beachvolleyballfeld, eine Gastronomie, einen Grillplatz und – ganz neu – ein Salzineum, dessen salzhaltige Luft eine Wohltat für die Atemwege ist. Wer will, kann einen ganzen Tag voller Abwechslung im Park verbringen und dabei nicht nur Aktivität und Bewegung, sondern auch Ruhe und Ausgleich finden. Pfarrer Kneipp hätte seine wahre Freude daran gehabt.

Adresse Ahornweg 7, 21272 Egestorf, www.barfusspark-egestorf.de | Anfahrt A 7 bis Abfahrt Egestorf, Richtung Egestorf fahren und im Ort der Beschilderung zum Park folgen | Öffnungszeiten Ende April – Ende Sept. Mo – So 9 – 18 Uhr | Tipp Ein Park der anderen Art ist der Philosophische Steingarten auf dem alten Friedhof in Egestorf (Alte Dorfstraße).

35 Die Gierseilfähre

Perfekter Drahtseilakt

Wer mit dem Rad oder zu Fuß im Aller-Leine-Tal unterwegs ist, dem bietet sich bei Eickeloh eine ganz besondere Möglichkeit, die Aller zu überqueren. Eine kleine Fähre verbindet beide Flussufer und wird dabei weder von einem Motor noch von Muskelkraft angetrieben. Lediglich die Strömung des Wassers und eine ausgefuchste Technik sorgen dafür, dass der Prahm, also die Fährplattform, lautlos zum anderen Ufer gleitet. Das perfekte Fortbewegungsmittel in diesem ruhigen Umfeld, nur von Feldern umgeben.

Kern der Technik, die gar nicht so technisch daherkommt, sind drei Drahtseile. Das sogenannte Führungsseil ist von Ufer zu Ufer über den Fluss gespannt. An ihm sind zwei Gierseile befestigt. Eines davon führt zum Bug, das andere zum Heck des Fährprahms. Muskelkraft kommt nur beim Anfahren der Fähre zum Einsatz. Dabei muss der Fährmann den Prahm mit Hilfe der Gierseile in leichte Schrägstellung zur Fahrtrichtung drehen, sodass dieser von der Strömung vorwärtsgedrückt wird. Der Fährmann ist in diesem Falle ein Landwirt aus der Umgebung, denn alle von ihnen besitzen eine gültige Fahrerlaubnis für die Eickeloher Fähre.

Schon immer war die Flussquerung an dieser Stelle eng mit der Landwirtschaft verbunden. Schließlich waren es im 18. Jahrhundert keine Ausflügler und Touristen, die ans andere Ufer der Aller gelangen wollten, sondern die Bauern. Die erste hölzerne Fähre wurde damals noch von Pferden gezogen. Erst später kam die Gierseiltechnik zum Einsatz.

Zwischen 1879 und 1978 war ein eigens angestellter Fährmann für die Überfahrt verantwortlich. Danach übernahmen die Landwirte den Betrieb. Denn auch heute noch ist die Fähre für sie wichtig. Und so sieht man ab und an auch mal ein Rind auf dem Prahm stehen, das über die Aller muss. Und es ist sich kein bisschen bewusst, dass es auf einem echten technischen Denkmal steht, das es in dieser Art nicht mehr allzu häufig gibt.

Adresse Alte Poststraße, 29693 Eickeloh | **Anfahrt** A 7 bis Abfahrt Westenholz, Richtung Hodenhagen, im Ortskern leicht links auf Neues Dorf, links Richtung Eickeloh, im Ortskern rechts auf Alte Poststraße, nächste Möglichkeit rechts zum Parkplatz, von dort zu Fuß zur Aller und zur Gierseilfähre, am Parkplatz befindet sich ein Plan mit Fahrzeiten der Fähre | **Tipp** An der Walsroder Straße 9 liegt der Hof von Familie Hogrefe mit Hofladen und dem Hofcafé »Mehlkammer«, in dem die hofeigenen Produkte zu leckeren Speisen verarbeitet werden (www.hogrefe-eickeloh.de).

36 Die Ellerndorfer Wacholderheide

Es blökt und summt überall

Im östlichen Teil der Lüneburger Heide gibt es eine Heidefläche, die man sich keinesfalls entgehen lassen sollte. Die Ellerndorfer Wacholderheide ist mit ihren 60 Hektar das größte zusammenhängende Heidegebiet im Landkreis Uelzen. Zugleich unterscheidet sie sich von vielen anderen Heideflächen durch ihren relativ hohen Bestand an Wacholdersträuchern. Gerade im August und September, wenn die Heide in voller Blüte ist, entsteht dadurch ein eindrucksvoller Kontrast: dunkelgrüne Inseln in einem lila Blütenmeer.

Schmale sandige Fußwege schlängeln sich durch die Heidefläche über sanfte Hügel, von denen aus man einen schönen Blick über das Gelände hat. Zwischendurch finden sich immer wieder Holzbänke im Schatten von Birken oder Buchen, auf denen man verweilen und die Stille der Landschaft genießen kann. Wobei es niemals ganz still ist. Wenn man genau hinhört, ist ein ununterbrochenes Summen der ständige Begleiter auf Spaziergängen durch die Heidefläche. Die Bienen, die hier unermüdlich von Heidestrauch zu Heidestrauch fliegen, sichern durch ihre Bestäubungsarbeit den Fortbestand der Heide und liefern zugleich den schmackhaften Heidehonig. Im wiederaufgebauten hölzernen Bienenzaun kann man beobachten, wie sie in die für die Region typischen Bienenkörbe fliegen. Dass die so nützlichen Insekten freien Flug haben, verdanken sie den Heidschnucken, die hier in den Sommermonaten grasen. Mit ihrem wolligen Fell zerstören sie die klebrigen Spinnweben im Heidekraut. Somit dient die Beweidung durch die gehörnten Schafe nicht nur dem Erhalt der Kulturlandschaft, sondern auch dem Ertrag des Imkers.

Die Heidschnuckenherde in der Wacholderheide wird von Juli bis September jeden Freitag, Samstag und Sonntag von 15 bis 17 Uhr auf die Heide geführt.

Adresse 29578 Eimke-Ellerndorf | **Anfahrt** A 7 bis Abfahrt Soltau-Ost, B 71 Richtung Uelzen, bei Eimke rechts abbiegen und der Beschilderung zum Parkplatz der Wacholderheide folgen | **Tipp** In Eimke, in der Feldsteinkirche St. Marien aus dem 14. Jahrhundert (Dorfstraße, Ecke Twiete), ist die filigran gearbeitete Pietà, also die Darstellung Marias mit dem vom Kreuz abgenommenen Jesus Christus im Schoß, besonders sehenswert. Sie ist sogar älter als die berühmte Pietà von Michelangelo im Petersdom.

37_Die ICE-Gedenkstätte

101 Kirschbäume für 101 Seelen

Am 3. Juni 1998 erlebte Deutschland das schwerste Zugunglück seiner Geschichte, das zugleich das weltweit schwerste eines Hochgeschwindigkeitszugs war. Der Name Eschede hat sich damals auf traurige Weise in das Gedächtnis der Deutschen eingebrannt.

Der ICE 884 mit dem Namen »Wilhelm Conrad Röntgen« war noch einen Tag vor dem Unglück routinemäßig gewartet worden. Dabei wurde eine außergewöhnlich starke ungleichmäßige Abnutzung an einem Rad, das später für den Unfall verantwortlich war, festgestellt. Da das Überprüfungssystem jedoch bei einem Drittel der überprüften Räder Fehlmessungen lieferte, wurde eine solche auch für das Unglücksrad angenommen. Der Wert für die Unrundheit war fast doppelt so hoch wie der Grenzwert, was die Techniker offenbar nicht glauben konnten. Und so wurde das Rad nicht ausgetauscht.

Am darauffolgenden Mittwoch trat der ICE frühmorgens seine Fahrt von München nach Hamburg an. Um 10.56 Uhr brach das defekte Rad. Drei Minuten später entgleiste der Zug, die hinteren Waggons zerschellten an einer Brücke. 101 Menschen verloren ihr Leben. Etwa genauso viele wurden zum Teil schwer verletzt.

Heute wachsen an der Unglücksstelle 101 Kirschbäume – einer für jeden Verstorbenen. Auf einer Granittafel sind ihre Namen angeschrieben. Auf der Brücke, von der aus man die Gedenkstätte erreicht, wurde ein Gedenkstein in Form eines Tores mit einer Inschrift errichtet. Sie erinnert an das Unglück, mahnt die menschliche Unzulänglichkeit an, dankt den Rettern und Helfern und spendet zugleich Trost, da sie sagt: »… durch ihren Einsatz ist Eschede auch ein Ort der Solidarität und gelebter Mitmenschlichkeit geworden.«

Das Mahnmal an den Bahngleisen ist nicht nur für die Angehörigen der Opfer ein Ort des Erinnerns, an den viele von ihnen jedes Jahr im Juni zurückkehren. Auch Passanten und Touristen kommen hierher, gehen in sich, denken nach, erinnern sich.

Adresse Rebberlaher Straße, 29348 Eschede | **Anfahrt** A 37 Richtung Celle, weiter auf B 3 nach Celle, auf B 214 Richtung Celle-Zentrum, am Neumarkt rechts über die Allerbrücke, nach der Brücke rechts auf Lüneburger Straße, rechts auf B 191 nach Eschede, links auf Rebberlaher Straße, von der Brücke über die Bahntrasse erreicht man die Gedenkstätte | **Tipp** Gleich drei Mühlen in Eschede und seinen Ortsteilen Habighorst und Marwede gehören zur Niedersächsischen Mühlenstraße (www.niedersaechsische-muehlenstrasse.de).

38 Markmanns Spielzeugstuben

Wo nicht nur Kinder ins Schwärmen geraten

Puppen, Puppen und nochmals Puppen. So könnte man in fünf Wörtern die Ausstellung in Hildegard Markmanns Privatmuseum beschreiben. Doch die Spielzeugstuben sind weit mehr als eine Ansammlung des liebsten Spielzeugs der meisten Mädchen. Sie erzählen nämlich viel über die Entwicklung des Spielens in den vergangenen zwei Jahrhunderten. An den rund 700 Puppen kann man erkennen, wie sich die Materialien verändert haben. Während früher der Körper aus Leder gefertigt war, kommt in jüngerer Zeit meist Kunststoff zum Einsatz. Kindern wohlhabender Eltern waren Puppen mit Porzellankopf vorbehalten, die damit aber auch nicht zu wild spielen durften, damit selbiger nicht zerbrach.

Ein solches Schicksal war der Puppe von Hildegard Markmann zuteilgeworden. Allerdings unter sehr dramatischen Umständen, als sie 1946 mit ihren Eltern aus Schlesien vertrieben wurde. Die Puppe war das liebste und einzige Spielzeug, das sie hatte mitnehmen können. Vielleicht war dieses traurige Erlebnis der Schlüssel zur späteren Puppen-Sammelleidenschaft, durch die der Grundstein für Markmanns Spielzeugstuben gelegt wurde. Wenn die Hausherrin durch die Sammlung führt, spürt man jedenfalls, wie viel Herzblut im Museum steckt und welche Verbindung sie zu nahezu jedem Ausstellungsstück hat.

Es gibt aber nicht nur Puppen zu sehen, sondern auch anderes Spielzeug aus dem 19. und 20. Jahrhundert. Holz und Blech sind häufig verwendete Materialien. Aber auch der Plüschteddy und die Plastikbarbie als Vertreterin des späten 20. Jahrhunderts dürfen nicht fehlen. Ergänzend gibt es wechselnde Sonderausstellungen, die sich jedes Mal einem speziellen Spielzeugthema widmen. So zum Beispiel eine reine Spielzeugfeuerwehr-Ausstellung anlässlich des 40. Jahrestags des großen Heidebrands 1975. Sie dürfen aber auch mal ohne Spielzeug sein, wie beispielsweise eine Kerzenleuchter-Ausstellung im Advent.

Adresse Bahnhofstraße 1, 29348 Eschede, www.spielzeugstuben.de | **Anfahrt** A 37 Richtung Celle, weiter auf B 3 nach Celle, auf B 214 Richtung Celle-Zentrum, am Neumarkt rechts über die Allerbrücke, nach der Brücke rechts auf Lüneburger Straße, rechts auf B 191 nach Eschede, links auf Bahnhofstraße | **Öffnungszeiten** Di–Fr 9–12 und 15–18 Uhr, Sa, So, Mo und Feiertage nach Vereinbarung unter Tel. 05142/831 | **Tipp** Wenn man der B 191 weiter folgt, erreicht man die Teichwirtschaft Aschauteiche. Beeindruckend sind die großflächigen Anlagen, die naturnah bewirtschaftet werden.

39 Das Luftbrückenmuseum

Erinnerung an die Retter Westberlins

Der Ort Faßberg entwickelte sich durch den in den 1930ern hier errichteten Fliegerhorst. Während der Blockade Berlins spielte der Standort in der Heide eine entscheidende Rolle für die Luftbrücke nach Berlin. Es war der 24. Juni 1948, als die sowjetische Regierung sämtliche Bahn- und Straßenverbindungen in den Westteil Berlins kappte. Gut 2,2 Millionen Einwohner waren nunmehr von sämtlicher Versorgung abgeschnitten.

Die britischen und amerikanischen Besatzungstruppen reagierten sofort und hatten binnen 48 Stunden eine Luftbrücke nach Westberlin eingerichtet. Von Faßberg aus wurde mehr als eine halbe Million Tonnen Kohle nach Berlin geflogen. Pro Tag wurden 450 Starts und Landungen gezählt. Der letzte Flug verließ den Flugplatz Faßberg am 27. August 1949.

Die Erinnerungsstätte Luftbrücke Berlin, kurz ELB, wurde im Jahr 1990 eingerichtet. Die Ausstellung ist eine militärgeschichtliche Sammlung der Bundeswehr und wird durch den Förderverein für die ELB e. V. in Faßberg unterstützt. Sie ist in vier thematischen Nissenhütten – in diesen waren damals die Arbeiter einquartiert – sowie in zwei Eisenbahnwaggons untergebracht. Die Ausstellung zeigt Originalexponate und erklärt anschaulich, wie die Luftbrücke aufgebaut wurde und wie sie arbeitete. Auch die Hintergründe, wie es zur Blockade kam und in welche weltpolitischen Ereignisse diese Zeit eingebettet war, werden beleuchtet. In einer Nissenhütte wird die Rolle Faßbergs für die Luftbrücke dargestellt.

Das Highlight des Museums ist aber die Douglas C-47 »Skytrain« – ein Flugzeug des Typs, der zu Beginn der Luftbrücke vorwiegend eingesetzt wurde. Es ist zwar nicht der originale »Fassberg-Flyer«, jedoch das bekannteste Flugzeug der Luftbrücke und das einzige mit einem Namenszug. Insgesamt waren in Faßberg circa 70 viermotorige Luftfahrzeuge vom Typ C-54 »Skymaster« an der Luftbrücke beteiligt.

Adresse Waldweg, 29328 Faßberg, www.luftbrueckenmuseum.de | Anfahrt A 7 bis Abfahrt Soltau-Süd, B 3 Richtung Bergen, Richtung Wietzendorf (Umgehungsstraße) abfahren, bei Reddingen links nach Faßberg abbiegen, in Faßberg links auf Müdener Weg, geradeaus auf Große Horststraße, rechts auf Waldweg | Öffnungszeiten Mitte März–Mitte Okt. Mo–Do, Sa–So 13–17 Uhr | Tipp Das Faßberger Eiscafé »Salvatore« (Lange Reihe 4) beeindruckt nicht nur mit seiner Auswahl von 30 leckeren Sorten, sondern auch mit seiner ungewöhnlichen Innengestaltung. Die riesigen Fototapeten mit Aufnahmen aus Italien werden nur noch von dem Deckenbild, das die Glaskuppel der Mailänder Markthalle zeigt, übertroffen.

40 Die Offene Pforte – Kunst im Garten

Ein Kleinod am Wietzetal

Paradies. Dieses eine Wort genügt, wenn man den Garten von Hans-Peter Brammer beschreiben möchte. Denn das, was der Künstler und Gartenliebhaber auf seinem 1.400 Quadratmeter großen Grundstück geschaffen hat, ist wirklich paradiesisch. Allein schon die Lage am Wasserlauf der Wietze, mit Blick auf die angrenzenden Pferdekoppeln und Felder, trägt zur sofortigen Entspannung der Besucher bei. Der Garten selbst ist eine Melange aus Pflanzen, Wasser, Holz und Stahl. Brammer machte sich eine artesische Quelle, bei der das Grundwasser durch Überdruck aus dem Boden kommt, zunutze. Sie speist einen 200 Quadratmeter großen Teich, über den eine Brücke führt und über dem ein Pavillon mit Sitzecke zu schweben scheint – beide vom Künstler selbst errichtet. Dahinter eine zum Fluss ausgerichtete Terrasse, überdacht von farbintensivem Blauregen. Im Garten gibt es noch weitere Terrassen und Sitzbereiche, in denen man verweilen kann, um die Ruhe und die phantastische Aussicht zu genießen. Dazwischen eine Fülle von Brammers Skulpturen. Der Künstler selbst bevorzugt den Platz am Wasserbecken, an dem man zugleich seine Füße ins kühle Nass halten kann.

1999 kauften Hans-Peter Brammer und seine Frau das Gebäude in Müden, um es als Wohnhaus und Galerie zu nutzen. Der Garten, der heute so liebevoll und ungewöhnlich angelegt ist, war damals völlig verwildert. Doch die Lage am Fluss und der traumhafte Blick über das Wietzetal überzeugten die beiden restlos. An ihrem Kleinod haben sie nun schon viele Jahre gearbeitet und sind dennoch nicht fertig. Immer wieder werden Bereiche umgestaltet und neu bepflanzt. Denn als Künstler hat Brammer immer wieder neue Ideen, die er nicht nur in seinen Gemälden und Skulpturen, sondern auch in seinem Garten umsetzen will.

Adresse Sandstraße 7, 29328 Faßberg-Müden (Örtze), www.brammer-h-p.de | **Anfahrt** A 7 bis Abfahrt Soltau-Süd, B 3 Richtung Bergen, Richtung Wietzendorf (Umgehungsstraße) abfahren, bei Reddingen links Richtung Faßberg abbiegen, bei Poitzen rechts nach Müden (Örtze) abbiegen, im Ort geradeaus auf Sandstraße | **Öffnungszeiten** nach Anmeldung unter Tel. 05053/903181 | **Tipp** An der Sandstraße liegt auch der alte Friedhof aus dem 19. Jahrhundert, der heute als kleine Parkanlage zum Verweilen einlädt.

41 Die Ole Müllern Schün

Meisterhafte Torten in stimmungsvoller Umgebung

Wenn eine Frau, die sich das Backen selbst beigebracht hat, bei einer Tortenmeisterschaft gegen gelernte Konditoren antritt, ist das höchst mutig. Wenn sie dann aber gewinnt, zeugt dies von außergewöhnlichem Talent und Können. Genau dies trifft auf Ria Springhorn zu, die in den Jahren 2006 und 2013 die Norddeutsche Tortenmeisterschaft für sich entscheiden konnte. Nun ist Frau Springhorn aber auch keine Amateurin mehr, die nur für den Hausgebrauch backt. Die gelernte Krankenschwester hat 1995 ihre Leidenschaft zum Beruf gemacht und auf ihrem Hof ein Bauerncafé eröffnet. Seither kreiert sie für ihre Gäste klassische und besondere Tortenkompositionen, wie die Erdbeer-Schmand-Torte, mit der sie die erste Tortenmeisterschaft gewonnen hat.

Die Gäste kommen aber nicht nur wegen der sahnigen Köstlichkeiten in Scharen, sondern auch wegen des schönen Ambientes. Das Café richteten die Springhorns in der großen Scheune – der »Schün« – ihres Hofes – dem »Müllern Hof« – ein, der aus dem einstigen Mühlengut hervorgegangen ist. Letzteres wurde im Jahr 1022 erstmals urkundlich erwähnt und ist damit das älteste Anwesen des Ortes. Die Familie Springhorn stammt seit 1428 in direkter Nachfolge von der auf dem Hof ansässigen Müllersfamilie ab.

Heute präsentiert sich die Anlage mit schön restaurierten Fachwerkgebäuden, von denen das älteste aus dem Jahr 1799 stammt, mit altem Baumbestand sowie mit einem liebevoll gestalteten Bauerngarten. Er wurde 2008 von Karsten Springhorn nach historischen Plänen neu angelegt. Wer möchte, kann an einer zweistündigen Führung mit dem Hofherrn teilnehmen und das Anwesen mit seiner Geschichte besser kennenlernen.

Wer lieber bei den leckeren Torten bleibt, kann sich bei einem Backkurs in die Geheimnisse von Ria Springhorn einweihen lassen. Oder zumindest ihr Backbuch erwerben und zu Hause den Selbstversuch wagen.

Adresse Alte Dorfstraße 6, 29328 Faßberg-Müden (Örtze), www.ole-muellern-schuen.de | **Anfahrt** A 7 bis Abfahrt Soltau-Süd, B 3 Richtung Bergen, Richtung Wietzendorf (Umgehungsstraße) abfahren, bei Reddingen links Richtung Faßberg abbiegen, bei Poitzen rechts nach Müden (Örtze) abbiegen, im Ort geradeaus auf Sandstraße, links auf Alte Dorfstraße | **Öffnungszeiten** Mai–Okt. Di–So 14–18 Uhr, Nov.–April Mi–So 14–18 Uhr | **Tipp** Ein Stück weiter an der Alten Dorfstraße liegt die hübsche Dorfkirche St. Laurentius, die 1217 geweiht wurde.

42 Die Örtze

Der einzig wahre Heidefluss

Hermann Löns bezeichnete sie einst als den »echtesten Heidefluss« unter den vielen Flüsschen und Flüssen, die die Lüneburger Heide durchziehen. Denn in der Heide – nördlich von Munster – entspringt sie, und in der Heide – südöstlich von Winsen – endet sie, durch Mündung in die Aller. Sie ist zugleich auch einer der schönsten Flüsse der Region, da sie in ihrem Verlauf weitgehend naturbelassen ist und in manchen Abschnitten wild mäandrierend durch die Landschaft fließt. Die Feuchtwiesen entlang der Örtze stellen den idealen Lebensraum für viele Pflanzen und Tierarten dar. So finden sich hier viele seltene und teilweise stark gefährdete Pflanzenarten. Auch der bedrohte Fischotter fühlt sich hier wohl, genauso wie der prachtvolle Eisvogel.

In Müden liegt an der Örtze eine historische Wassermühle. In ihr ist heute unter anderem die Tourismusinformation untergebracht. Von hier aus startet der Fluss-Wald-Erlebnispfad, der sich im Süden bis nach Hermannsburg und im Norden bis nach Poitzen erstreckt. Es geht rund um den Heidesee in Müden, der künstlich angelegt wurde und von der Örtze gespeist wird. Im weiteren Verlauf erwandert man sich die Wald- und Grünflächen entlang des Örtzetals. Dabei finden sich am Wegesrand immer wieder Mitmach- und Erlebnisstationen zu den Themen Wald und Wasser. Für weniger ausdauernde Wanderer gibt es zwei kürzere Flusspfade von 3 und 7,5 Kilometer Länge, die ebenfalls an der Müdener Wassermühle starten.

Aus der Wasserperspektive kann man diesen schönen Fluss bei einer Kanutour erleben. Auch hierfür bietet die Wassermühle einen guten Einstiegspunkt, um bis nach Hermannsburg, Oldendorf oder sogar Wolthausen zu paddeln und die Natur zu genießen. Aber Achtung: Mit ihrer relativ starken Strömung und recht kurvigen Abschnitten ist die Örtze nur für geübte Kanuten empfehlenswert. Anfänger oder Kinder können auf dem Heidesee paddeln.

Adresse Unterlüßer Straße 5, 29328 Faßberg-Müden (Örtze) | **Anfahrt** A 7 bis Abfahrt Soltau-Süd, B 3 Richtung Bergen, Richtung Wietzendorf (Umgehungsstraße) abfahren, bei Reddingen links Richtung Faßberg abbiegen, bei Poitzen rechts nach Müden (Örtze) abbiegen, im Ort geradeaus auf Sandstraße, links auf Hauptstraße, weiter auf Unterlüßer Straße | **Tipp** In Müden empfiehlt sich ein Spaziergang durch den hübschen alten Ortskern mit seinen Fachwerkhäusern, kleinen Läden und Hofcafés.

43 Der Wietzer Berg

Wo der berühmte Heidedichter weilte

Dass er stattliche 102 Meter hoch ist, sieht man dem Wietzer Berg nicht an. Zwischen Hermannsburg und Müden steigen die Heideflächen vom Tal der Örtze aus ganz sanft an, bis die Bergkuppe erreicht wird. Von oben offenbart sich dann aber doch die Höhe, denn man hat von hier aus einen wunderschönen weiten Blick zum Tal und darüber hinaus. Schließlich sind die flachen Heideflächen, die sich im Spätsommer in sattem Lila präsentieren, nur von einzelnen Birken oder Wacholderbüschen durchsetzt. Seitlich erstreckt sich der Waldsaum, in sieben Kilometer Luftlinie erhebt sich der 118 Meter hohe Haußelberg.

Diese Aussicht hatte schon vor knapp 150 Jahren ihren Reiz. Damals soll der berühmte Heidedichter Hermann Löns gern hier gesessen und die Ruhe genossen haben. Ihm zu Ehren wurde daher 1921 in Gipfelnähe der Lönsstein errichtet, ein Findling auf einem gemauerten Natursteinsockel mit eingelassenem Konterfei des Dichters.

Am Fuße des Wietzer Berges bei Bonstorf finden sich ganz andere Andenken an die Vergangenheit: ein Grabhügelfeld, das vermutlich aus der späten Jungsteinzeit oder frühen Bronzezeit stammt. Vor etwa 4.000 Jahren wurden hier die Toten der ansässigen Bauernfamilien bestattet. Unter den Bäumen des lichten Wäldchens sind die fünf Grabstätten lediglich als Erdhügel auszumachen. Etwas auffälliger ist der Steinkreis, der den Grundriss eines weiteren Grabhügels darstellen soll. Dieser befand sich auf einem angrenzenden Feld und wurde abgetragen. Man fand heraus, dass dort zwei Personen bestattet wurden. Als Grabbeilagen fand man außerdem ein Tongefäß sowie ein Beil, einen Dolch und eine Axt. Diese stammen aus der älteren Bronzezeit.

Ein kurzer Wanderweg von 5,5 Kilometern führt vom Wanderparkplatz »Am Lönsstein« vorbei am Grabhügelfeld auf den Wietzer Berg hinauf zum Lönsstein. Den Berg hinunter geht es nach Müden und durch Ackerfluren wieder zurück.

Adresse Hermannsburger Straße, 29328 Faßberg-Müden (Örtze) | **Anfahrt** A 7 bis Abfahrt Soltau-Süd, B 3 Richtung Bergen, Richtung Wietzendorf (Umgehungsstraße) abfahren, bei Reddingen links Richtung Faßberg abbiegen, bei Poitzen rechts nach Müden (Örtze) abbiegen, im Ort geradeaus auf Sandstraße, weiter auf Hermannsburger Straße bis zum Parkplatz »Am Lönsstein« und zu Fuß weiter | **Tipp** Im Wildpark Müden mit seiner naturbelassenen Gestaltung kann man viele einheimische Tierarten sehen. Zu den täglichen Highlights zählt die Fütterung der niedlichen Waschbären (www.wildparkmueden.de).

44 Der Wacholderwald

Zwischen knorrigen Sträuchern und lila Heide

Wacholdersträucher und Heidekraut gesellen sich gern zueinander, denn sie sind beide recht anspruchslos und können auf nährstoffarmen Böden gut gedeihen. Außerdem ist der Wacholder für Weidetiere unverträglich und kann sich daher auch auf stark beweideten Flächen entwickeln. So findet sich auf den Heideflächen immer wieder Wacholder, meist einzeln oder in kleinen Gruppen stehend.

Die Heidebauern empfanden die Sträucher als störend für die Beweidung der Heide durch ihre Schnucken. Daher nutzten sie den Wacholder als Brennholz, zum Räuchern oder Drechseln. Am Rand der Dübelsheide bei Schmarbeck hingegen erstreckt sich über 20 Hektar ein regelrechter Wacholderwald. Hier stehen die dunkelgrünen Gehölze zu Hunderten dicht aneinandergedrängt. Damit gilt der Wacholderwald in der Teufelsheide – der hochdeutsche Name der Dübelsheide – als größter und schönster seiner Art in ganz Niedersachsen.

Die Heidebauern sorgten zwar dafür, dass der Wacholder innerhalb der Heideflächen nicht überhandnahm, aber sie rotteten ihn nicht komplett aus. Schließlich eignen sich seine Beeren als feines Gewürz, zur Zubereitung von Heiltee und dienen als Rohstoff zur Herstellung von Gin. Im 19. Jahrhundert waren deutsche Wacholderbeeren daher ein beliebter Exportartikel. Heute steht der Wacholder in Deutschland unter Schutz, denn die nährstoffarmen und zugleich lichten Standorte, die er benötigt, werden weniger.

Rund um den Wacholderwald und die Dübelsheide erstrecken sich mehrere Rundwanderwege unterschiedlicher Länge. Sie starten alle am Parkplatz beim Wacholderwald und sind gut ausgeschildert. Auch der bekannte Heidschnuckenweg, der von Hamburg bis Celle führt und 2014 als Deutschlands schönster Wanderweg ausgezeichnet wurde, durchquert den Wacholderwald.

Adresse 29328 Faßberg-Schmarbeck | **Anfahrt** A 7 bis Abfahrt Soltau-Süd, B 3 Richtung Bergen, Richtung Wietzendorf (Umgehungsstraße) abfahren, bei Reddingen links nach Faßberg abbiegen, in Faßberg links auf Müdener Weg, im Kreisel erste Abfahrt, leicht rechts auf Hankenbosteler Straße, zweimal links nach Schmarbeck, im Ort der Beschilderung zum Parkplatz »Wacholderwald« folgen | **Tipp** Wer gern naturverbunden reist, sollte sein Zelt auf dem Campingplatz Gerdehaus aufschlagen. Zwischen Bäumen, Unterholz und eigener Heidefläche findet man garantiert ein ruhiges Plätzchen (www.heidecamping-gerdehaus.de).

45_Das Kavalierhaus

Original bis ins Detail

Emma Wrede muss eine äußerst sorgfältige Dame gewesen sein. Wie ließe es sich sonst erklären, dass das Inventar ihrer Wohnung, das weit mehr als ein halbes Jahrhundert alt ist, immer noch so gut erhalten ist?

Im ersten Stock des Kavalierhauses, das nach dem Schloss an zweiter Stelle der ältesten und architekturhistorisch bedeutendsten Häuser in Gifhorn steht, kann man sich davon überzeugen. Hier wurde nach dem Tod Emma Wredes 1997 das »Museum für bürgerliche Wohnkultur des 20. Jahrhunderts« eingerichtet. Und dafür musste fast nichts verändert werden. Alles blieb so, wie Emma Wrede es hinterlassen hatte – und gibt nun einen authentischen Einblick in die Wohnverhältnisse während der Industrialisierung und Moderne. Denn Emma Wrede erbte das Haus, das 1546 im Stil der Weserrenaissance für den Hofmarschall des Herzogs erbaut wurde, im Jahre 1929 von ihrem verstorbenen Onkel. Lange Zeit lebte sie mit ihrem Ehemann und ihren Eltern hier, die letzten 20 Jahre noch allein, bis sie 1992 auszog. Die Hausherrin hing an ihrem Zuhause und offenbar auch an all den großen und kleinen Dingen, die sie an vergangene Tage erinnerten.

So steht neben dem Gasherd in der Küche noch ein historischer Kohleherd, während im Regal noch Blech- und Emailletöpfe stehen. Gewirkte Leinentischdecken im Schrank, fein säuberlich gefaltet, die Kittelschürze noch am Haken hängend und der Lodenmantel in der Garderobe vermitteln ein Bild, als wäre man in die 50er Jahre zurückversetzt worden und Emma Wrede käme jeden Moment herein. Sogar ihre selbst eingemachten Marmeladen lagern noch im Keller, der wie der Dachboden zur Ausstellungsfläche dazugehört.

Das Erdgeschoss wird von der Bürgerstiftung Kavalierhaus gemeinsam mit dem Kulturverein Gifhorn für wechselnde Ausstellungen genutzt.

Adresse Steinweg 3, 38518 Gifhorn, www.museen-gifhorn.de | **Anfahrt** A 37 Richtung Celle, abfahren auf B 188 Richtung Burgdorf, bis Gifhorn fahren, im Ortskern rechts auf Lüneburger Straße, links auf Konrad-Adenauer-Straße bis Schloßplatz, zu Fuß durch Kavalierstweete bis Steinweg gehen | **Öffnungszeiten** Sa und So 15 – 17 Uhr | **Tipp** Nur wenige Schritte entfernt befindet sich das Alte Rathaus (Cardenap 1 – 3) mit seiner Holzschnitzornamentik.

46 Das Mühlenmuseum

Don Quijotes Alptraum

Es war ein Glücksgriff für die Stadt Gifhorn, als Vertreter des Landkreises 1977 den Kontakt zu Horst Wrobel aufnahmen. Der Designer hatte sich an seinem Wohnort im Kreis Uelzen ein privates Mühlenmuseum aufgebaut, in dem er selbst gebaute Modelle von Windmühlen ausstellte. Da er eine größere Fläche benötigte, wurde ihm am Stadtrand Gifhorns ein ehemaliges Überschwemmungsgebiet an der Ise angeboten. Man einigte sich, und 1980 wurde der Grundstein für das Internationale Mühlenmuseum gelegt – damals mit zwei Originalwindmühlen aus Schleswig-Holstein und dem Kreis Gifhorn sowie einer Wassermühle aus Osttirol. Später kamen Nachbauten weiterer Wind- und Wassermühlen aus aller Welt hinzu.

Mittlerweile kann man in Gifhorn Mühlen aus Deutschland, Spanien, Portugal, Griechenland, Ungarn, Serbien, der Ukraine, Russland, Frankreich und sogar aus Korea sehen. Die drei Letztgenannten sind Originale, die dem Museum gestiftet und vom Ursprungsort hierhergebracht wurden. Interessant sind die regionalen Unterschiede in der Konstruktionsweise der Mühlen: mit runden oder eckigen Baukörpern aus Holz oder Stein, mit großen gitterartigen Flügeln oder filigranen Streben mit eingearbeiteten Segeln. Verblüffend sind aber auch manche Ähnlichkeiten: Trotz Tausender Kilometer Entfernung könnte man die beiden Mühlen aus Portugal und Griechenland mit ihren weißen Lehmputzkörpern fast verwechseln.

Absolut sehenswert ist nicht nur die Kombination der internationalen Mühlen, sondern auch ihr Standort, der von weiten Wasserflächen und Feldern umgeben ist. Inmitten dieses etwas anderen Freilichtmuseums befindet sich ein 800 Quadratmeter großes Ausstellungsgebäude, das mit 45 Mühlenmodellen an den Ursprung des Museums erinnert. An das vergangene Jahrhundert, als Horst Wrobel seine Liebe zu Windmühlen entdeckte und begann, diese nachzubauen – etwas verkleinert, aber sehr detailgetreu.

Adresse Bromer Straße 2, 38518 Gifhorn, www.muehlenmuseum.de | **Anfahrt** A 37 Richtung Celle, abfahren auf B 188 Richtung Burgdorf, bis Gifhorn fahren, rechts der B 188 liegt der Parkplatz des Mühlenmuseums | **Öffnungszeiten** Mitte März–Okt. täglich 10–18 Uhr, Nov. nur Gruppen nach Vereinbarung | **Tipp** Unweit vom Mühlenmuseum lädt das Europäische Kunsthandwerker-Institut Glocken-Palast mit der Europäischen Freiheitsglocke zum Besuch ein (www.glockenpalast.de). Das der russischen Architektur verpflichtete Ensemble entstand ab 1996 unter der Schirmherrschaft Michail Gorbatschows.

47__Das Schloss

Ein Prunkstück umgeben von Wasser

Obwohl es nur zehn Jahre lang Residenzstadt war, besitzt Gifhorn ein wirklich prächtiges Schloss. 1525 erbaut, wurde es mit Festungswällen und einem Wassergraben umgeben sowie mit Bastionstürmen und Kasematten ausgestattet. Dank dieser Wehranlagen wurde das Gifhorner Schloss nie eingenommen und ist heute noch in nahezu ursprünglichem Zustand erhalten geblieben. Die Befestigungsanlagen wurden im 18. Jahrhundert entfernt – nur der Wassergraben blieb.

Doch zurück zu den Anfängen des Schlosses und der Residenzzeit. Der Bau geht auf Ernst I., Herzog zu Braunschweig-Lüneburg, und seinen Bruder Otto aus Celle zurück. 1539 ging es an deren jüngsten Bruder Franz. Er hatte drei Jahre lang gemeinsam mit Ernst das Fürstentum Lüneburg regiert, drängte dann jedoch auf ein eigenes Herrschaftsgebiet. So entstand das Herzogtum Gifhorn, das nicht sehr bedeutsam war, doch Franz konnte hier seine Vorstellung einer standesgemäßen Residenz und eines prunkvollen Adelslebens verwirklichen. Er ließ das Schloss entsprechend ausbauen und 1547 die Schlosskapelle errichten. Sie war die erste Kirche, die eigens für einen evangelischen Gottesdienst errichtet wurde. Schließlich setzte sich Franz, genau wie seine älteren Brüder, für die lutherische Lehre und die Reformation ein. Ernst erhielt sogar den Beinamen »der Bekenner«. Nachdem Franz, der ausschließlich weibliche Nachfahren hatte, 1549 verstarb, fiel das Herzogtum wieder zurück ans Fürstentum Lüneburg. Das Schloss war fortan Wohnsitz des Gifhorner Amtsmanns. Später hatten hier die Landräte ihren Amtssitz, und heute ist die Verwaltung des Landkreises hinter den ehrwürdigen Mauern untergebracht.

Außerdem ist das Historische Museum im Schloss zu finden, das sich nicht nur der Geschichte des Landkreises, beginnend mit der Urzeit, sondern auch dem herzoglichen Leben während der Jahre als Residenz widmet.

Adresse Schloßplatz, 38518 Gifhorn, www.museen-gifhorn.de | **Anfahrt** A 37 Richtung Celle, abfahren auf B 188 Richtung Burgdorf, bis Gifhorn fahren, im Ortskern rechts auf Lüneburger Straße, links auf Konrad-Adenauer-Straße bis Schloßplatz | **Öffnungszeiten** Di – Fr 14 – 17 Uhr, Sa, So, Feiertage 11 – 17 Uhr | **Tipp** Wer mit Kindern unterwegs ist, findet nach dem Schlossbesuch den perfekten Ausgleich im Schwimmbad Allerwelle mit seinen Innen- und Außenbecken (Zur Allerwelle 1, Tel. 05371/9901888).

48 Das Wasserkraftwerk

Strom aus der Aller

Es muss für die Bewohner von Celle bis Winsen ein ganz besonderer Moment gewesen sein, als sie zum ersten Mal auf einen Lichtschalter in ihrem Hause drücken konnten. Das geschah 1909, als in der Region der erste Strom produziert wurde. Ab 1911 konnten immer mehr Privathaushalte an das Netz angeschlossen werden. Ermöglicht wurde dies durch die Kanalisierung der Aller. Sie wurde ab 1908 von Celle bis zur Mündung in die Leine für die Schifffahrt ausgebaut und dabei mit vier Staustufen versehen. Das Stauwerk in Oldau erwies sich dabei als geeignet, um zum Wasserkraftwerk ausgebaut zu werden. So errichtete die Stadt Celle die Allerzentralen, die später die gesamte Region mit Strom versorgen sollten.

Es begann mit der Errichtung eines mit Kohle betriebenen Dampfkraftwerks. Es sollte die Arbeiten an den Allerzentralen unterstützen und lieferte 1909 den ersten Strom – zunächst zu den benachbarten Ortschaften und zum Ölgebiet Wietze. Die Nachfrage war so groß, dass das Kraftwerk schon ein Jahr später erweitert wurde. 1911 kam das Wasserkraftwerk hinzu, das zunächst eine Leistung von 300 Kilowatt erbrachte und rund 200 Haushalte versorgen konnte. Durch stetige Vergrößerung lag die Leistung im Jahr 1923 schon bei 4.000 Kilowatt. In den 30er Jahren wurde das Dampfkraftwerk durch die Preussen-Elektra, seit 1926 Eigentümerin der Allerzentralen, abgerissen. Das Wasserkraftwerk betrieb das Unternehmen weiter, noch bis 1972. Dann sollte auch hier der Abbruch vorgenommen werden.

Doch das Kraftwerk wurde als technisches Denkmal unter Schutz gestellt. Ein ambitionierter Unternehmer steckte viel Arbeit hinein, modernisierte die Anlage, soweit es der Denkmalschutz zuließ, und schaffte es, dass das Wasserkraftwerk 1982 wieder ans Netz gehen konnte. Damit ist es deutschlandweit das einzige Kraftwerk, das noch mit seinen ursprünglichen Maschinen arbeitet und tatsächlich Strom liefert.

Adresse Schleusenstraße, 29313 Hambühren-Oldau | **Anfahrt** A 7 bis Abfahrt Schwarmstedt, B 214 Richtung Celle, bei Ovelgönne links nach Oldau, im Ortskern rechts auf Schleusenstraße | **Öffnungszeiten** Führungen nach Absprache unter Tel. 0152/53810424 | **Tipp** Durch das östliche Gemeindegebiet fließt der kleine Fuhsekanal, der die Stadt Celle vor Hochwasser schützt. Über den Kanal führt eine Rundbogenbrücke, die ursprünglich aus dem Jahr 1795 stammt und damit die älteste ihrer Art im Kreis Celle ist (Boyer Weg).

49_Der Cassenshof

Traditioneller Hof im Wandel der Zeit

Auf den ersten Blick ist der Cassenshof einfach ein besonders schöner Bauernhof: mit Ackerbau, Geflügelhaltung und einem gut bestückten Hofladen. Einer von vielen schönen Höfen in der Lüneburger Heide, die es alle verdient hätten, in diesem Buch zu erscheinen. Dass nun dieser Hof aus der Nordheide hier auftaucht, liegt daran, dass hier Tradition und Moderne besonders schön miteinander verknüpft sind. Auf dem Cassenshof lebt und arbeitet die Familie Voß, bestehend aus drei Generationen. Von Jung bis Alt sind alle Familienmitglieder voll in den Betrieb eingespannt und mit Leib und Seele dem Hof verbunden. So, wie es traditionell auf einem Bauernhof üblich war.

Das ist schon seit 1759 so, als Heinrich Hartig – ein Vorfahre von Carsten Voß – auf den Hof einheiratete. Und so stellt Letzterer nun mit seiner Ehefrau Marion die 13. Generation der Familie, die den Hof mit Eltern und Kindern bewirtschaftet. Die Ursprünge des Cassenshofs reichen sogar bis ins Jahr 1400 zurück, als der Hof erstmals urkundlich erwähnt wurde. Seinen Namen erhielt er 1616, als der Hof mit Ländereien zwischen den Brüdern Carsten und Jochen aufgeteilt wurde. So entstanden der Cassenshof und der Jobenshof.

Doch trotz aller Tradition – der Cassenshof ist ein moderner Bauernhof, dessen Betrieb sich im Laufe der Jahrhunderte stark gewandelt hat. Während man sich vor gut 100 Jahren auf Milchkühe, Schweinezucht und Schafhaltung spezialisiert hatte, konzentrierten sich die Eltern von Carsten Voß ab den 1960er Jahren auf die Produktion von Schweine- und Rindfleisch. Seit 1990 wandelte sich der Hof zum Ackerbaubetrieb, und so kann man nun vorwiegend Bio-Kartoffeln und Bio-Spargel erster Güte direkt auf dem Hof erwerben. 1999 kamen die Freiland-Legehennen hinzu. Die Eier und das Gemüse werden im Hofladen durch eine Vielfalt weiterer regionaler Produkte ergänzt.

Adresse Im Seevegrund 2, 21256 Handeloh-Inzmühlen, www.cassenshofladen.de | **Anfahrt** A 1 bis Abfahrt Dibbersen, B 75 Richtung Buchholz, links auf B 3 Richtung Bispingen, links nach Handeloh, weiter Richtung Inzmühlen, auf Am Seevegrund | **Öffnungszeiten** Ende März – Ende Okt. Mo – So 8 – 18 Uhr, ansonsten Mi – So 8 – 18 Uhr | **Tipp** Im Ortskern von Handeloh hat der örtliche Arbeitskreis Astronomie einen Planetenlehrpfad eingerichtet. Auf 1,2 Kilometern kann man das Sonnensystem im Maßstab 1:5 Milliarden erwandern. Start ist nahe der Hauptstraße, gegenüber der Wörmer Straße.

50__Das Café im Schafstall

Purer Genuss unterm Reetdach

Das Büsenbachtal ist ein besonders hübscher Ort für Wanderungen. Hier geht es entlang des namensgebenden kleinen Bächleins, das zwischendurch einfach so im Boden verschwindet und später wieder auftaucht. Links und rechts davon erstrecken sich sanft hügelige Heideflächen. Oft in Lila, unterbrochen von dunklen Wacholdersträuchern oder silbrig weißen Birken. Wer möchte, kann diesen schönen Landstrich auch bei einer Kutschfahrt erkunden. Vom Pferdekopf – es ist nicht der an der Kutsche gemeint, sondern ein Hügel, der so heißt – genießt man eine phantastische Aussicht über das Tal.

Einkehren kann man nach der Wanderung im Café-Restaurant »Der Schafstall«. Hier ist der Name Programm, denn ein schöner reetgedeckter ehemaliger Schafstall erwartet die Gäste. Im Sommer lädt der Garten mit Kinder-Spielbereich ein, auch mal länger zu verweilen. Im Winter sorgen Holzgebälk und der Lehmofen mitten im Stall für Gemütlichkeit. Zu jeder Jahreszeit sind es in erster Linie aber die leckeren Speisen und das freundliche Personal, die die Besucher anlocken. Das saisonale Kuchenbüfett, der Wochenend- und Feiertagsbrunch oder der Mittagsbraten von der Heidschnucke – zu jeder Tageszeit gibt es frische hausgemachte Köstlichkeiten von Carla Hoffmann und ihrem Team. Seit das Café 2007 eröffnet wurde, hat es so viele begeisterte Anhänger und Stammgäste gefunden, dass es besonders am Wochenende empfehlenswert ist, einen Platz zu reservieren. Und nicht in Eile zu sein. Denn wo viele Menschen gleichzeitig essen möchten, kann es auch mal ein klein wenig länger dauern, bis das Gewünschte auf dem Tisch steht. Wenn es dann aber so weit ist, weiß man, dass es sich gelohnt hat, zu warten.

In einem weiteren Gebäude auf dem Gelände hat an den Wochenenden und Feiertagen auch das Schäferlädchen geöffnet. Hier kann man Schönes, Nützliches und Kunsthandwerk aus Keramik, Holz und mehr erwerben.

Adresse Am Büsenbach 35, 21256 Handeloh-Wörme | **Anfahrt** A 1 bis Abfahrt Dibbersen, B 75 Richtung Buchholz, links auf B 3 Richtung Bispingen, noch vor Handeloh links Richtung Wörme, im Ortskern links auf Am Büsenbach | **Öffnungszeiten** siehe www.cafeschafstall.de oder Tel. 04187/1072 | **Tipp** Die Gelassenheit eines Kamels erlernen? Das geht in der Kameloase. Hier findet tiergestütztes Training etwa zum Stressabbau, Coaching oder für Kinder statt (www.kameloase.de).

51 Das Otter-Zentrum

Besuch bei den niedlichsten Raubtieren der Welt

Einen Tierpark der besonderen Art findet man am Südrand der Heide. In Hankensbüttel dreht sich alles um Otter und ihre Verwandten, die alle zu der Familie der Marder gehören. Dazu zählen neben Otter und Marder auch Dachs, Iltis, Nerz und Wiesel. Bei einem ersten Rundgang durch den Tierpark fällt die Gestaltung der großzügigen Gehege auf, die sich stark an den natürlichen Lebensräumen der Tiere orientiert. Die Anlage selbst liegt ruhig am Ortsrand, umgeben von Bäumen und an den Isenhagener See angrenzend, und bietet neben den Gehegen auch viele Lern- und Erlebnisstationen, wie etwa eine Seilfähre auf dem See.

Bei einem Besuch des Parks sollte man unbedingt beim Eintritt einen Fütterungsplan mitnehmen und sich bei der Tour daran orientieren. Die Fütterungen sind zeitlich so angelegt, dass man den Tierpfleger im halbstündigen Takt von Gehege zu Gehege begleiten kann. Dann zeigen sich Fischotter, Steinmarder, der Europäische Nerz oder auch das Große Wiesel, Letzteres besser bekannt als Hermelin, den Besuchern in aller Ausführlichkeit. Wobei man bei den Wieseln, die ihrem Namen durch ihre Schnelligkeit alle Ehre machen, schon ganz genau hinsehen muss, bevor sie wieder in ihre Höhle zurückgeflitzt sind.

Während der Fütterung erklärt der Tierpfleger allerhand Wissenswertes und Unterhaltsames über die jeweilige Art. Zum Beispiel, warum ausgerechnet die auffällige schwarze Schwanzspitze im ansonsten schneeweißen Winterfell des Hermelins dem Tier einen besonderen Schutz bietet. Oder warum der Fischotter das dichteste Fell aller heimischen Säugetiere besitzt und im Wasser auch benötigt.

Für Autobesitzer, die am Gehege der Steinmarder erbost an ihren letzten Kabelschaden denken, bietet das Otter-Zentrum einen besonderen Service an: Bei der Marderberatung wird aufgezeigt, wie man bei Marderproblemen Abhilfe schaffen kann, ohne dass dabei eines der Tiere zu Schaden kommt.

Adresse Sudendorfallee 1, 29386 Hankensbüttel, www.otterzentrum.de | Anfahrt über B 4 auf B 244 Richtung Hankensbüttel, bis zum Ortsausgang auf B 244 bleiben, rechts liegt das Otterzentrum | Öffnungszeiten Feb.–Nov. täglich 9.30–17 Uhr, in der Sommerzeit bis 18 Uhr | Tipp Ganz in der Nähe liegt das Kloster Isenhagen mit seiner Kirche von 1345, das ebenfalls einen Besuch wert ist. Zweimal im Jahr öffnet der barocke Obstbaum- und Gemüsegarten, der nach der originalen Konzeption von 1750 hergerichtet wurde (Termine auf www.kloster-isenhagen.de).

52_Auf dem Töps

Heide – so weit das Auge reicht

Wenn man sich in einem Naturschutzpark daranmacht, junge Pflanzen aus dem Boden herauszureißen, kann man sich ganz schönen Ärger einhandeln. Nicht so in der Heide. Hier ist es sogar erwünscht, dass Austriebe von Birken oder Kiefern systematisch entfernt werden. Entkusseln heißt das dann, und es dient dem Erhalt der Heideflächen. Schließlich würden die krautigen Pflanzen, die die Besucher jeden Spätsommer mit ihrem lila Blütenmeer erfreuen, ohne diese Pflegemaßnahme schon bald von einem jungen Mischwald verdrängt.

Auf dem Töps, einer rund 100 Meter über dem Meeresspiegel gelegenen Hochfläche, hat sich die Interessengemeinschaft Hanstedt der Aufgabe angenommen, dies zu verhindern. Die Schnucken, die auf der Töps-Heide weiden, leisten einen wichtigen Beitrag zu ihrer Pflege. Jedes Jahr Anfang November bekommen die Tiere menschliche Unterstützung, wenn die Interessengemeinschaft zum gemeinschaftlichen Entkusseln der Heidefläche einlädt. Dann kommt eine engagierte Gruppe von Helfern zusammen und macht sich mit Spaten daran, die Sprösschen, die hier nicht erwünscht sind, zu entfernen.

Der Erfolg gibt ihnen recht. Die Töps-Heide zählt zu den schönsten Heideflächen in der Region. Durch die Lage auf der Hochfläche hat man von hier einen wunderbaren Ausblick, der bei klarem Wetter sogar bis nach Hamburg reicht. Interessant ist die Landschaft auch durch die teilweise recht tief eingeschnittenen Erosionsrinnen am Rand der Heidefläche. Am Südrand liegt der markante Schafstall, der nach dem berühmten Heidedichter Hermann Löns benannt wurde. Er wurde übrigens auch von der Hanstedter »Rentner-Gang«, wie sich die Interessengemeinschaft mit einem Augenzwinkern nennt, instand gesetzt. Sie haben außerdem drei Schutzhütten mit Bänken und Tischen auf dem Töps errichtet. Die rüstigen Senioren packen überall dort an, wo ehrenamtliche Unterstützung gebraucht wird.

Adresse Weseler Weg, 21271 Hanstedt | **Anfahrt** A 7 bis Abfahrt Garlstorf, Richtung Nindorf, rechts nach Hanstedt, durch den Ort Richtung Buchholz in der Nordheide fahren, nach dem Ortsausgang gleich links in Weseler Weg bis zum Parkplatz an der Töps-Heide | **Tipp** In Hanstedt gibt es eine Jahresbaumallee (An der Rodelbahn), in der jedes Jahr ein seltener Baum angepflanzt wird. Von hier aus kann man zum Faßenberg mit dem Hexentanzplatz wandern.

53 Der Wildpark Lüneburger Heide

Fast wie in freier Wildbahn

Mit den frechen Ziegen im Streichelgehege kuscheln, die geduldigen Poitou-Esel streicheln und im Freigehege ganz dicht an das sonst so scheue Damwild herankommen. Natürlich alles möglich im Wildpark Lüneburger Heide. Aber hier kann man sogar den Tierpfleger zur Arbeit bei den Wildkatzen, Waschbären oder Elchen begleiten. Das »Rendezvous mit meinem Lieblingstier« macht es möglich. Denn der Wildpark setzt auf Erlebnispädagogik – und zwar nicht nur für Schulklassen oder Gruppen, sondern auch für Privatpersonen. In der Zooschule kann man Sonderführungen buchen und auf Tuchfühlung mit den Tieren gehen. Für größere Gruppen gibt es spannende Themenführungen, wie die Mondscheinwanderung, bei der man alles über nachtaktive Tiere erfährt und diese beobachten kann. Es gibt eine Raubkatzen-Führung oder eine Führung, die über bekannte Irrtümer in der Tierwelt aufklärt. Spannend geht es bei der täglichen Greifvogelschau zu, bei der Adler, Eule und Co. ganz dicht über die Köpfe der Besucher hinwegfliegen. In den Ferien haben Schulkinder sogar die Möglichkeit, am Juniorfalkner- oder am Juniortierpfleger-Programm teilzunehmen.

Aber diese Fülle an naturpädagogischen Angeboten ist nicht das Einzige, was den Wildpark von üblichen Zoos unterscheidet. Es sind vielmehr die großzügigen und möglichst naturnahen Gehege für die Wildtiere, die auf dem 60 Hektar großen Gelände in eine hügelige Waldlandschaft eingebettet sind. Die Tiere haben viel Bewegungsfreiheit, sind aber dennoch gut zu sehen. Da kann man dem Wurf von jungen Schneeleoparden beim Toben am Wasserfall zusehen und bekommt die putzigen Fischotter auch außerhalb der Fütterungszeiten zu Gesicht. Und ganz nebenbei steht man während des Rundgangs auf dem dritthöchsten Berg der Lüneburger Heide und genießt die Aussicht.

Adresse Am Wildpark 1, 21271 Hanstedt-Nindorf, www.wild-park.de | **Anfahrt** A 7 bis Abfahrt Garlstorf, Richtung Nindorf kommt man direkt am Wildpark vorbei | **Öffnungszeiten** März–Okt. täglich 8–19 Uhr, Nov.–Feb. täglich 9.30–16.30 Uhr | **Tipp** Eine Übernachtungsmöglichkeit der anderen Art bietet das neue »Schäferdorf«, das direkt am Wildpark errichtet wurde. Hier kann man gemütlich zusammenrücken und in einem kleinen, aber dennoch komfortablen Schäferwagen nächtigen.

54 Der Serengeti-Park

Einmal Afrika und zurück

Anfang der 1970er Jahre hatten Lia und Paolo Sepe einen Traum: Sie wollten die afrikanische Tierwelt nach Europa holen und ihren Besuchern ermöglichen, den Tieren ganz nah und ohne Käfiggitter zu begegnen. Mit dieser Vision bauten sie den Serengeti-Park in Hodenhagen am Rand der Lüneburger Heide auf. Fachlich unterstützt wurden sie dabei von Bernhard Grzimek, dem damals bekanntesten deutschen Zoologen und Tierfilmer. 1974 war es so weit: Die ersten Tiere bezogen das Gelände.

Seitdem ist die Attraktivität des Parks, der zwischenzeitlich mehrfach erweitert wurde, ungebrochen. Spätestens nach den ersten Metern der Serengeti-Safari, auf der man mit seinem eigenen Pkw oder dem Bus durch die Freigehege der Tiere fährt, weiß man, warum. Wenn mit einem Male eine noch nicht ganz ausgewachsene Giraffe zielstrebig auf die Besucher zukommt und ihren langen Hals zum Fahrerfenster hinunterbeugt, ist das unweigerlich ein ergreifender Moment. Ähnlich neugierig sind die Zebras, während andere Tiere sich von den vorbeirollenden Fahrzeugen nicht aus der Ruhe bringen lassen. Insbesondere wenn man die Gehege der Tiger und Löwen durchfährt, ist man froh, dass die lieber faul in der Sonne liegen, als die Besucher zu begrüßen. Aufregend ist es dennoch.

Rund 1.500 Tiere leben im Serengeti-Park, sie gilt es zu entdecken, etwa in offenen Jeeps während der Dschungel-Safari-Tour. Oder zu Fuß in der Masai-Mara-Anlage sowie auf dem Areal mit den Affeninseln. Und als wäre das nicht schon genug an Erlebnissen für einen Tag, wird der Park durch einen Abenteuer-Bereich mit Fahrgeschäften ergänzt.

Doch neben allem Spaß für die Besucher wird im Tierpark ein großes Augenmerk auf die Zucht und Erhaltung bedrohter Tierarten gelegt. So konnte der Serengeti-Park 1996 das erste in Europa geborene Breitmaulnashorn auswildern. Seit der Eröffnung des Parks wurden hier über 40 Breitmaulnashorn-Babys geboren.

Adresse Am Safaripark 1, 29693 Hodenhagen, www.serengeti-park.de | **Anfahrt** A 7 bis Abfahrt Westenholz, Richtung Hodenhagen und der Beschilderung zum Park folgen | **Öffnungszeiten** Mitte März – Ende Okt. werktags 10 – 17 Uhr, an Wochenenden 10 – 18 Uhr | **Tipp** Wer die wilden Tiere lieber aus ganz sicherer Entfernung – zum Beispiel aus der Luft – sehen möchte, kann am benachbarten Flugplatz für einen Schnupperrundflug abheben (www.flugplatz-hodenhagen.de).

55_Die Kunststätte Bossard

Gesamtkunstwerk im Künstlerdorf

Jesteburg – ein kleiner Ort zwischen der Weltstadt Hamburg und dem Naturpark Lüneburger Heide. Durch Zusammenlegung mit zwei weiteren Gemeinden rund 11.000 Einwohner zählend. Aber mit einer bemerkenswerten Dichte an Kunstangeboten, die jede Metropole vor Neid erblassen ließe: rund 30 örtliche Künstler, die sich in einem aktiven Netzwerk austauschen; ein Kunstverein, der im örtlichen Kunsthaus viel beachtete Ausstellungen mit renommierten zeitgenössischen Künstlern auf die Beine stellt; dazu noch weit mehr als ein Dutzend Orte in der Gemeinde, an denen Kunst geschaffen oder ausgestellt wird.

Aus dieser Fülle sticht ein Ort besonders hervor: die Kunststätte Bossard. Ein drei Hektar großes Gesamtkunstwerk, das das Künstlerehepaar Johann und Jutta Bossard hier schuf, in dem sie lebten und an dem sie bis zu ihrem Tode arbeiteten. Ihr Ziel war es, Architektur, Bildhauerei, Malerei, Kunstgewerbe und Gartenkunst zu einer Einheit zu verschmelzen. Über vier Jahrzehnte hinweg – Mitte der 1920er Jahre beginnend – flossen die jeweiligen Stile der damaligen Zeit in das Projekt ein. Es wurden verschiedenste Materialien kombiniert und nahezu jeder Fleck in den Gebäuden durch Wandmalereien, Schnitzereien, Glaskunst oder sonstige Verzierungen verschönert. Die Gartenanlage – sie gleicht eher einem Park als einem Garten – gliedert sich in Bereiche von vielfältiger Gestaltung: Während vor dem Haus Skulpturen und Monolithen aufgereiht sind, bilden die Bäume am Gartenende ein riesiges Omega. Dazu kommen ein Gemüsegarten, Obstbaumwiesen, ein Klostergarten sowie Heide- und Ackerflächen.

Für Jutta und Johann Bossard, die als Studentin und Lehrer an der Kunstgewerbeschule Hamburg zueinanderfanden, ist mit ihrer Kunststätte mitten im Wald ein Lebenstraum in Erfüllung gegangen. Und so wurden beide Künstler auch an diesem Ort – ihrem Ort – beigesetzt.

Adresse Bossardweg 95, 21266 Jesteburg, www.bossard.de | **Anfahrt** A 7 bis Abfahrt Thieshope, Richtung Brackel, weiter nach Asendorf, links auf Schulstraße, rechts auf Salems Weg, weiter auf Bossardweg | **Öffnungszeiten** Nov.–Feb. So 11–16 Uhr, März–Okt. Mi–So 11–18 Uhr, angemeldete Besuchergruppen auch außerhalb dieser Zeiten | **Tipp** Im Dorfkrug auf dem Brookhoff (www.brookhoff.de) trinkt man seinen Kaffee gemütlich am Mühlenteich (Lüllauer Dorfstraße 25).

56 Der Märchenwanderweg

Auf den Spuren des Tricksers

Wälder haben etwas Magisches. Sie strahlen Ruhe aus, können aber auch bedrohlich wirken. Kein Wunder, dass sehr viele Märchen mit ihren schönen und schaurigen Geschichten in Wäldern spielen. Und besonders naturbelassene und schöne Forste erhalten gern den Beinamen Märchenwald. Der Klecker Wald bei Jesteburg mit seinem Nadelgehölz und Teichen hat diesen Namen zu Recht. Denn hier kann man eine ganze Märchengeschichte erwandern. Auf einem drei Kilometer langen Rundweg trifft man an 15 Stationen unter anderem auf Elfen, Wichtel, ein Einhorn und ein Fliegenpilzhaus. Man muss nur den Hinweisschildern mit dem zerbrochenen Zauberstab folgen.

Die Geschichte, die auf dem Wanderweg erzählt wird, ist aber keines der bekannten Märchen, sondern eine Geschichte, die eigens für den Klecker Wald geschrieben wurde. Eine Schulklasse hat sie sich ausgedacht und folgte damit einer Ausschreibung des regionalen Lions Clubs, der die Gestaltung des Wanderwegs mit Figuren und Beschilderung ermöglichte. Das Märchen heißt »Der Trickser« und handelt davon, dass ein gemeiner Kerl mit selbigem Namen einen Zauberstab zerbrochen hat. Drei Freunde machen sich auf den Weg, um einen neuen zu besorgen, denn dieser ist für den Frieden in ihrem Dorf unentbehrlich. Das Buch kann vor der Wanderung bei der Tourist-Information in Jesteburg gekauft und kapitelweise an den einzelnen Stationen vorgelesen werden. Besonders schön ist, dass die Geschichte an einigen Stationen die Umgebung genau beschreibt und die Kinder alles wiedererkennen.

Aber auch ohne Buch ist die Wanderung für Kinder ein Spaß. Sie halten Ausschau nach den Wegweisern mit dem zerbrochenen Zauberstab und den Stationen, an denen es meistens eine Holzfigur oder Ähnliches zu entdecken gibt. So vergehen drei Kilometer Spaziergang ohne Langeweile. Zwischendurch gibt es zudem ein paar Balancierelemente, die für Abwechslung sorgen.

Adresse Lohof 1, 21266 Jesteburg | **Anfahrt** A 1 bis Abfahrt Seevetal-Hittfeld, über Helmstorf, Harmstorf und an Bendestorf vorbeifahren, rechts an der Straße liegt der Lohof | **Tipp** Im benachbarten Bendestorf findet man eine natürlich geschaffene Kuriosität: Durch eiszeitliche Ablagerungen entstand hier eine Binnendüne. Ein Spaziergang in diesem Waldstück ist nicht nur durch die offenen Sandflächen, sondern auch die steilen Abhänge besonders (Parken am Freibad, Im Brook).

57_Die Gedenkstätte Bergen-Belsen

Ein Ort gegen das Vergessen

Zwischen all den schönen und heiteren Orten, die man in der Lüneburger Heide besuchen kann, gibt es einen, der erschüttert und nachdenklich stimmt. Dennoch, oder gerade deshalb, sollte man ihn unbedingt besuchen. Denn wenn rund 70 Jahre nach dem Ende des Zweiten Weltkriegs Fremdenfeindlichkeit wieder aufkeimt, muss die mahnende Erinnerung an das dunkelste Kapitel der deutschen Geschichte aufrechterhalten werden.

Das ehemalige Konzentrationslager Bergen-Belsen ist ein Symbol für die Grausamkeit des nationalsozialistischen Systems. Denn hier starben mindestens 55.000 Menschen aufgrund der katastrophalen und unmenschlichen Haftbedingungen an Krankheit, Erschöpfung, Unterernährung. Dies geschah in einem Lager, in das zunächst Juden mit zumeist ausländischer Staatsangehörigkeit gebracht wurden, um sie gegen im Ausland inhaftierte Deutsche austauschen zu können. Zu den Opfern zählte auch Anne Frank, die in den Niederlanden aufgewachsen war und später durch die Veröffentlichung ihrer Tagebücher berühmt wurde. Anne Frank und ihre Schwester verstarben im Frühjahr 1945, nur wenige Wochen bevor die britische Armee das Lager befreite. Sie sind in einem Massengrab beigesetzt, ein Gedenkstein erinnert an die beiden Schwestern.

Die Gedenkstätte erstreckt sich über das gesamte Gelände des ehemaligen KZ, auf dem einige freigelegte Fundamente der ehemaligen Gebäude, Mahnmale und Gedenksteine zu sehen sind. Das Dokumentationszentrum mit seiner umfangreichen Ausstellung zur Geschichte des Lagers befindet sich außerhalb des Areals. Es wurde 2007 eröffnet und dient nicht nur der Besucherinformation, sondern auch als wissenschaftlicher Sammlungs- und Forschungsort. Viele Jugendverbände aus der Umgebung führen hier wichtige Bildungsprojekte für junge Menschen durch.

Adresse Anne-Frank-Platz, 29303 Lohheide, bergen-belsen.stiftung-ng.de | **Anfahrt** A 7, Ausfahrt Soltau-Süd oder Mellendorf, der Weg zur Gedenkstätte ist ausgeschildert | **Öffnungszeiten** Okt.–März täglich 10–17 Uhr, April–Sept. täglich 10–18 Uhr | **Tipp** In Bergen lädt das »Café Sahne« nicht nur zu selbst gebackenen Kuchen ein. Antikes Mobiliar, kunsthandwerkliche Produkte aus der Region sowie kleine, aber feine Veranstaltungen sorgen für ein besonderes Ambiente (Am Friedensplatz 8, Di–So 9–18 Uhr).

58 Die Abtswasserkunst

Die Rettung der Bierbrauer

Wenn man zu Besuch in Lüneburg ist, darf man die Stadt nicht wieder verlassen, ohne im historischen Wasserviertel gewesen zu sein. Hier an der Ilmenau lag der mittelalterliche Hafen, der mit der Verschiffung des wertvollen Salzes zum Wohlstand der Stadt beitrug. Der Alte Kran – ein Wahrzeichen von Lüneburg – zeugt noch heute davon. An dieser Stelle betrieben auch das Kloster Lüne und das St.-Michaelis-Kloster seit dem 15. beziehungsweise 12. Jahrhundert ihre Wassermühlen. Letztere war ein Geschenk Heinrichs des Löwen an den Abt von St. Michaelis und trägt daher den Namen Abtsmühle. Die Gebäude der Lüner und der Abtsmühle, die im 16. und 19. Jahrhundert als Ersatz für die Vorgängerbauten errichtet wurden, sind heute noch erhalten. Schließlich waren sie noch bis ins späte 20. Jahrhundert im Einsatz. Zusammen mit der Abtswasserkunst prägen sie das malerische Stadtbild an der Ilmenau und werden durch einen Hotelbetrieb genutzt.

Der Wasserturm der Abtswasserkunst wurde 1530 auf Initiative der Bierbrauer in der Stadt errichtet. Schließlich flossen damals alle Abwässer und Fäkalien durch die Gosse in die Ilmenau. Das Wasser zum Bierbrauen wurde aber aus ebendieser geschöpft. Dadurch war es, wenn auch durch das Aufkochen der Maische gesundheitlich unbedenklich, nur von mäßigem Geschmack. Nach dem Bau der Wasserkunst wurde das Wasser an den Tagen geschöpft, an denen es verboten war, das Abwasser in den Fluss abzuleiten.

Die Brauer benötigten die Wasserkunst zudem auch, um das benötigte Brauwasser problemlos zu ihren Häusern leiten zu lassen. Die Ilmenau lag nämlich am tiefsten Punkt der Stadt, und dem direkten Einsatz von Pumpen hätte das hölzerne Rohrsystem nicht standgehalten. Fortan konnte das Wasser zunächst in den Turm befördert werden. Anschließend wurde es durch das Gefälle mit gleichmäßigem Druck über ein Rohrsystem zu den angeschlossenen Brauhäusern geleitet.

Adresse Bei der Abtsmühle, 21335 Lüneburg | **Anfahrt** A 39 bis Abfahrt Lüneburg-Nord, weiter auf B 4, erste Abfahrt nach Lüneburg, auf Bockelmannstraße, leicht links auf Am Schifferwall, rechts auf Lünertorstraße, gleich links zur Lüner Mühle, von der aus eine Fußgängerbrücke zur Abtswasserkunst führt | **Tipp** Das Alte Kaufhaus mit seiner historischen Fassade ist nur einen Steinwurf entfernt (Kaufhausstraße 5). Im Untergeschoss wurde auf 400 Quadratmetern eine Galerie für zeitgenössische Kunst eingerichtet (täglich 9–21 Uhr).

59 Die Alte Raths-Apotheke

Historisches Gewand, moderne Mittelchen

Wenn es einen Ort gibt, an dem die Zeit stehen geblieben zu sein scheint, dann liegt er in der Großen Bäckerstraße 9 in Lüneburg. Das prächtige Portal der Alten Raths-Apotheke sticht im Straßenzug markant hervor. Aufwendig restauriert, wurde es mit genauso kräftig strahlenden Farben gestaltet, wie es seinerzeit vom Künstler Daniel Freese geschaffen worden war. Ursprünglich war die Raths-Apotheke seit dem 15. Jahrhundert ein paar Häuser weiter untergebracht gewesen. Nach dem Umzug an den heutigen Standort wurde der hiesige Vorgängerbau 1598 durch das bestehende Gebäude ersetzt.

Das Besondere an der heutigen Apotheke ist, dass sie im Verkaufsraum noch mit historischen Wandverkleidungen und Regalen ausgestattet ist. In diesen reihen sich statt Nasenspray, Kopfschmerztabletten und Co. alte Apothekerflaschen und -dosen aneinander. Fast könnte man meinen, man sei in einem Apotheken-Museum gelandet. Doch das Sortiment, das hier erhältlich ist, ist so modern wie in jeder anderen Apotheke.

Tatsächlich museal wird es in der ehemaligen Kräuter- und Materialkammer der Raths-Apotheke, die man über eine schmale Stiege auf den Dachboden erreicht. In zwei Räumen sind die Wände vollständig von Apothekenschränken mit unzähligen Schubfächern bedeckt. In vielen befinden sich tatsächlich noch die Rohstoffe, die außen auf der Beschriftung genannt sind. Allerdings mit reichlich überschrittenem Haltbarkeitsdatum. Das Inventarverzeichnis der Kammer stammt aus dem Jahr 1475 und ist das wohl älteste komplett erhaltene seiner Art in Deutschland. Mit diesem lassen sich das Alter und die damaligen Preise der Medikamentenzutaten bestimmen. Ein wahrer Schatz, der leider nicht für die Öffentlichkeit zugänglich ist. Es sei denn, man bittet Hausherr Gert Wellsow um eine kleine Privatführung. Dann erfährt man so einiges über die Geschichte der hochbetagten, aber höchst lebendigen Apotheke.

Adresse Große Bäckerstraße 9, 21335 Lüneburg, www.alterathsapotheke.de | **Anfahrt** A 39 bis Abfahrt Lüneburg-Nord, weiter auf B 4, erste Abfahrt nach Lüneburg, auf Bockelmannstraße, leicht links auf Am Schifferwall, weiter auf Schießgrabenstraße, rechts auf Altenbrückertorstraße, rechts auf Ilmenaustraße, links auf Conventstraße, rechts auf Am Berge, links auf Münzstraße, zu Fuß links in Große Bäckerstraße | **Öffnungszeiten** Verkaufsraum der Apotheke Mo – Fr 8 – 19 Uhr, Sa 8 – 15 Uhr, jeden ersten Sa 8 – 16 Uhr, Führungen auf Anfrage unter Tel. 04131/43767 | **Tipp** Typisch norddeutsche Architektur findet man in der Oberen Ohlingerstraße. Viele Häuser haben hier Utluchten, wie man die Standerker aus dem 17. Jahrhundert mit umlaufenden Fenstern nennt.

60__Die Brauereihistorie

Von Kupferkesseln und ganz viel Tradition

Die Heiligengeiststraße ist heute eine der beliebtesten Einkaufsstraßen Lüneburgs. Hier reihen sich Geschäfte für Bekleidung, Schmuck oder Deko-Artikel aneinander. Mittendrin die Gaststätte Krone, die im Gegensatz zu den jungen Läden eine jahrhundertelange Tradition aufweist. Denn die Heiligengeiststraße war im Mittelalter das Zentrum der Bierbrauer mit rund 80 Brauhäusern. Das erste von ihnen wurde 1485 in dem schönen Backsteinbau mit der Hausnummer 41 gegründet und später unter dem Namen Kronenbrauerei bekannt. Bis in die 1980er Jahre wurde an diesem Standort das Kronen-Pilsener gebraut. Bei ihrer Schließung im Jahr 2001 war die Kronenbrauerei die Letzte ihrer Art in ganz Lüneburg.

Die Gaststätte blieb erhalten. Man kehrt in ihrem Hinterhof im Biergarten ein und/oder besucht den imposanten Backsteinbau, der als Industriedenkmal geschützt ist. Er wurde 1911 als Sudhaus für die Kronenbrauerei errichtet. Heute befindet sich darin das 1985 eröffnete Brauereimuseum mit Sudpfannen, Gärkessel und Malzmühlen – alles im Originalzustand. Bei einer Führung wird das Handwerk des Bierbrauens anschaulich demonstriert.

Direkt am Eingang der Heiligengeiststraße, am Platz Am Sande, befindet sich ein historisches Brauhaus, das heute nicht mehr als solches erkennbar ist. Es handelt sich um das Gebäude der Industrie- und Handelskammer. In dem markanten Renaissancebau von 1548 mit dem gotischen Treppengiebel und den dunkel glasierten Backsteinen war 350 Jahre lang eine Brauerei untergebracht. Über dem Fenster des rechten Erkers, der Utlucht, prangt heute noch in goldenen Buchstaben der Name von Carl August Meyer. Er betrieb hier die Brauerei und ein Gasthaus.

Ein eher junges Brauhaus findet man mit dem »Mälzer« in der Heiligengeiststraße 43. Hier lässt man seit 1997 die alte Tradition wieder aufleben und braut frisches Bier in riesigen Kupferkesseln inmitten der Gaststube.

Adresse Heiligengeiststraße 39, 21335 Lüneburg, www.brauereimuseum-lueneburg.de | **Anfahrt** A 39 bis Abfahrt Lüneburg-Nord, weiter auf B 4, erste Abfahrt nach Lüneburg, auf Bockelmannstraße, leicht links auf Am Schifferwall, weiter auf Schießgrabenstraße, weiter auf Willy-Brandt-Straße, rechts auf Stresemannstraße, rechts auf Handwerkerplatz, weiter auf Rote Straße, links auf Wallstraße, rechts auf Gummastraße, zu Fuß weiter auf Rackerstraße, rechts auf Heiligengeiststraße | **Öffnungszeiten** Museum Di–So 13–16.30 Uhr | **Tipp** Das Brauereimuseum teilt sich das Foyer mit dem benachbarten Ostpreußischen Landesmuseum. Dessen Eingang ist ebenfalls ein 500 Jahre altes, denkmalgeschütztes Brauhaus – das Scharffsche Haus.

61 Die Gerichtslaube

Im Schatten des Jüngsten Gerichts

Es war im 13. Jahrhundert, als die zwei Siedlungen auf dem Kalkberg und an der Ilmenau zusammenwuchsen. Lüneburg war geboren und erhielt 1247 das Stadtrecht mit Brief und Siegel. Nun musste also ein neues Rathaus errichtet werden, das sich in den folgenden Jahrhunderten zu einem der größten und bedeutendsten in Norddeutschland entwickeln sollte.

Seine Entstehungsgeschichte könnte ein ganzes Buch füllen. So komplex und vielfältig ist das Gebäudeensemble, das sich zum Marktplatz hin mit seiner imposanten Giebelfassade präsentiert und an der Nordseite auf 110 Meter Länge entlang des Ochsenmarkts erstreckt. In gebotener Kürze ist jedoch die Gerichtslaube hervorzuheben, die einen ganz besonderen Eindruck bei den Besuchern hinterlässt.

Seit 1330 tagten hier der Rat und – wie es der Name vermuten lässt – das Hohe Gericht der Stadt. Deckengewölbe, Wände und Fenster der Gerichtslaube wurden im 15. bis 16. Jahrhundert vollständig mit aufwendigen Malereien und Schnitzereien gestaltet und machen den Raum wohl zum imposantesten des Rathauses. Selbst der Fußboden aus Tonplatten und Gips wurde mit Löwen und Vierpässen verziert. Eine Luke im Boden bezeugt, in welchem Wohlstand und Komfort die Ratsherren hier tagen und Recht sprechen konnten. Die Luke verbindet den Raum mit den darunterliegenden Brennkammern. Wenn die hohen Herren einmal kalte Füße bekamen, brauchten sie sich nur dieser Heißluftheizung zu bedienen.

An der Giebelseite ist eine eindrucksvolle Darstellung des Jüngsten Gerichts mit Jesus Christus, flankiert von Maria und Johannes dem Täufer, zu sehen. Der Blick auf den Giebel sollte die Richter daran erinnern, ein gerechtes, aber barmherziges Urteil zu fällen. Auf der gegenüberliegenden Seite sind in aufwendigem Glasmosaik die »Neun guten Helden« dargestellt. Rechts drei Helden der Antike, links drei Helden aus dem Alten Testament, in der Mitte drei Helden des christlichen Mittelalters.

Adresse Am Markt 1, 21335 Lüneburg, www.lueneburg.info | **Anfahrt** A 39 bis Abfahrt Lüneburg-Nord, abfahren Richtung Zentrum auf Hamburger Straße, weiter auf Vor dem Bardowicker Tore, weiter auf Bardowicker Straße, die direkt zum Marktplatz führt | **Öffnungszeiten** nur mit Führung, buchbar über Tourist-Information unter Tel. 0800/2205005 oder über die Website | **Tipp** An der Südseite des Rathauses liegt die Waagestraße mit dem berühmten Schwangeren Haus. Seine »Dickbäuchigkeit« ist auf zu lang gebrannte Gipssteine zurückzuführen, die später durch Feuchtigkeit aufgequollen sind.

62 Die Gottesbuden

Früher Armenhaus, heute Künstlerheim

Im Mittelalter, zur Blütezeit des Handels in der Hansestadt Lüneburg, gab es viele wohlhabende Kaufleute. Diese gönnten sich von ihrem Reichtum nicht nur ein Leben voller Annehmlichkeiten im Diesseits, sondern sorgten auch für die Zeit nach ihrem Ableben vor. Und davon konnten auch die ärmeren Leute der Stadt profitieren. Denn um sich einen guten Platz im Jenseits zu sichern, stifteten die Reichen ihr Geld für wohltätige Zwecke. Auf diese Weise entstanden auch die sogenannten Gottesbuden in einem Hinterhof der Rotehahnstraße. Die kleinen Häuschen dienten Bedürftigen als Unterkunft. Im Gegenzug waren sie dazu verpflichtet, ihren Gönner ins Gebet einzuschließen und für sein Seelenheil zu beten. Daher auch der Name Gottesbuden.

Auch heute noch ist der Hof, der zum Gebäudekomplex »Roter Hahn« gehört, mit seiner historischen Bausubstanz aus dem 16. und 17. Jahrhundert erhalten. Das straßenseitige Hauptgebäude, erstmals im 15. Jahrhundert erwähnt, wurde als Hospital für Kranke und Arme vom damaligen Ratsmann Henrik Erpensen errichtet. Heutiger Eigentümer des Roten Hahns ist die Lüneburger Bürgerstiftung. Durch sie kann der wohltätige Zweck, dem das Ensemble seit Beginn an durchgängig dient, auch für die Gegenwart und Zukunft gesichert werden. Denn heute leben immer mehr Künstler, die noch kein großes Einkommen erwirtschaften, in den pittoresken Wohnungen, die sich um den Hof gruppieren.

Seit 2012 wird der gesamte Komplex kernsaniert, da gravierende Schäden an den Gebäuden entdeckt wurden. Um die Kosten, die im siebenstelligen Bereich liegen, stemmen zu können, benötigt die Stiftung weiterhin Fördergelder und Unterstützung der Lüneburger. Und viele helfen gern. Denn der Hof mit den schönen Fachwerkfassaden, den Bleiglasfenstern sowie den verwinkelten und überdachten Treppen ist einer der idyllischsten Orte der Hansestadt – übrigens mit schönem Blick auf St. Nicolai.

Adresse Rotehahnstraße 14–19, 21335 Lüneburg | **Anfahrt** A 39 bis Abfahrt Lüneburg-Nord, abfahren Richtung Zentrum auf Hamburger Straße, weiter auf Vor dem Bardowicker Tore, weiter auf Bardowicker Straße, links auf Lüner Straße, rechts auf Rotehahnstraße | **Öffnungszeiten** tagsüber jederzeit zugänglich | **Tipp** St. Nicolai als jüngste und kleinste der drei gotischen Stadtkirchen ist auch von innen sehenswert. Während einer Turmbesteigung folgt man vom Betglockenwerk von 1895 den Zahnrädern, Hebeln, Winkeln und Seilzügen hinauf zu den Zeigern und Glocken (www.st-nicolai.eu).

63 Das Literaturbüro

Heinrich Heines Erben

Obwohl Heinrich Heine einst etwas spöttisch über Lüneburg gesagt haben soll, es sei die »Residenz der Langeweile«, hielt er sich während seiner Studienzeit, die er im wesentlich aufregenderen Berlin verbrachte, regelmäßig hier auf. Er besuchte seine Eltern, die von 1822 bis 1826 in einem Patrizierhaus am Ochsenmarkt lebten. Der Vater war erkrankt, und Sohn Heinrich kam nach Lüneburg, um seine Mutter zeitweilig bei der Pflege zu unterstützen. Das Gebäude, das von 1824 bis 1941 im Besitz der Buchhändler- und Verlegerfamilie Wahlstab war, erhielt daher den Namen »Heinrich-Heine-Haus« und wurde 1901 mit einer entsprechenden Gedenktafel versehen.

Mit seiner gewissermaßen literarischen Vergangenheit war das Heinrich-Heine-Haus der perfekte Ort für das Literaturbüro Lüneburg. 1993 – nach umfassender Restaurierung des Backsteinbaus – zog der Verein hier ein, um einen Ort für Literatur und Literaturvermittlung zu schaffen. Seitdem finden regelmäßige Lesungen statt, es wird über Literatur und deren gesellschaftliche Stellung diskutiert, Literaturverfilmungen gezeigt und vieles mehr. Im Jungen Literaturbüro sollen Kinder und Jugendliche durch den direkten Kontakt zu Schriftstellern, Journalisten und Illustratoren an das Schreiben herangeführt werden. Außerdem wurde im Haus eine Stipendiatenwohnung eingerichtet, in der berufene Autorinnen und Autoren zusätzlich zur monetären Förderung drei Monate lang kostenfrei wohnen und ihrer Arbeit nachgehen können.

Bei seinem Engagement und den verschiedenen Aufgaben wird das Literaturbüro von der Stadt Lüneburg unterstützt, die Eigentümerin des Heinrich-Heine-Hauses ist. Außerdem fördert das Land Niedersachsen den Verein bei der Vergabe der Stipendien. Und es gibt ein Netzwerk von Lüneburger Institutionen, die mit dem Literaturbüro, das von ehrenamtlich tätigen Mitarbeitern getragen wird, kooperieren.

Adresse Am Ochsenmarkt 1a, 21335 Lüneburg, www.literaturbuero-lueneburg.de | **Anfahrt** A 39 bis Abfahrt Lüneburg-Nord, abfahren Richtung Zentrum auf Hamburger Straße, weiter auf Vor dem Bardowicker Tore, weiter auf Bardowicker Straße, die direkt zum Marktplatz führt, rechts auf Am Ochsenmarkt | **Öffnungszeiten** zu Veranstaltungen gemäß Website | **Tipp** Vom Ochsenmarkt aus über den Marienplatz erreicht man die Straße Auf dem Meere. Das starke Gefälle vom Platz zur Straße hin verdeutlicht die Auswirkungen des über Jahrhunderte betriebenen Salzabbaus: In weiten Teilen der westlichen Altstadt ist ein Senkungsgebiet oberhalb des Salzstocks entstanden.

64__Die Ratsbücherei

Historische Blätter hinter historischen Mauern

Die altehrwürdigen Backsteinfassaden des Gebäudekomplexes am Marienplatz verraten es schon von außen: Hier befand sich einst ein Kloster. Im 13. Jahrhundert wurde das Lüneburger Franziskanerkloster gegründet, das 1555 nach Einführung der Reformation aufgelöst wurde.

Der Rat der Stadt nutzte fortan die Räumlichkeiten für seine Bibliothek, die bis dato im Rathaus untergebracht war. In diesem Zuge wurde sie mit der Klosterbibliothek vereinigt. Bis heute ist sie unter dem Namen Ratsbücherei an dieser Stelle verblieben und zählt damit zu den ältesten Stadtbüchereien Deutschlands.

Unter den 190.000 Objekten, die sich heute in ihrem Bestand und dem ihrer Außenstellen befinden, ist auch der historische Bücherbestand erhalten geblieben. Er setzt sich aus den ursprünglich zusammengeführten theologischen Klosterhandschriften und den juristischen Texten des Rates zusammen. Später kamen Schenkungen von Patriziern, Ärzten und Apothekern hinzu, wodurch der Bestand vermehrt werden konnte. Auch aus dem Bereich der Musikalien sind einige wertvolle Stücke erhalten. Darunter zwei mittelalterliche Musikhandschriften sowie Erstausgaben bekannter Komponisten. In der Fachwelt sind die »Lüneburger Orgeltabulaturen«, die eine besondere Kostbarkeit in der Ratsbibliothek darstellen, ein wichtiges Forschungsobjekt. Denn sie sind teilweise die einzige Quelle für die Werke von Komponisten der norddeutschen Orgelschule aus dem 17. Jahrhundert.

Einen Einblick in den Altbestand der Bücherei kann man nach Voranmeldung während der Öffnungszeiten erhalten. Aber auch beim Stöbern in den Beständen der zeitgenössischen Literatur kann man die Historie spüren. Die belletristische Abteilung ist in einer gotischen Halle mit Kreuzgewölben im Erdgeschoss untergebracht. Durch eine Panzerglastür kann man auch in den Kreuzgang hineinsehen, von dem noch ein Rest erhalten geblieben ist.

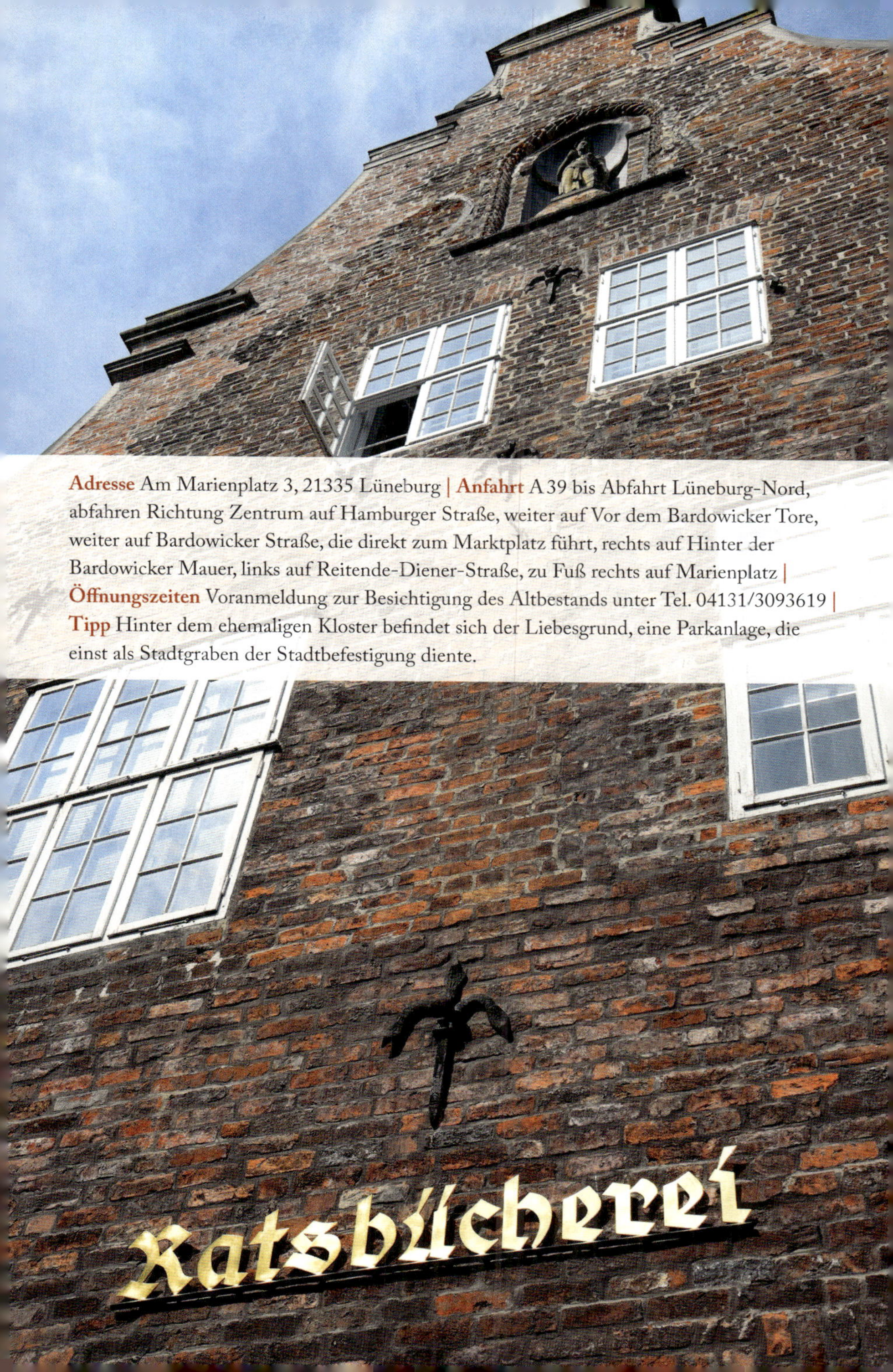

Adresse Am Marienplatz 3, 21335 Lüneburg | **Anfahrt** A 39 bis Abfahrt Lüneburg-Nord, abfahren Richtung Zentrum auf Hamburger Straße, weiter auf Vor dem Bardowicker Tore, weiter auf Bardowicker Straße, die direkt zum Marktplatz führt, rechts auf Hinter der Bardowicker Mauer, links auf Reitende-Diener-Straße, zu Fuß rechts auf Marienplatz | **Öffnungszeiten** Voranmeldung zur Besichtigung des Altbestands unter Tel. 04131/3093619 | **Tipp** Hinter dem ehemaligen Kloster befindet sich der Liebesgrund, eine Parkanlage, die einst als Stadtgraben der Stadtbefestigung diente.

65__Der Wasserturm

Wiederbelebung als Sozialprojekt

Um Trinkwasser in die Lüneburger Haushalte zu bringen, wurden schon im Mittelalter Wassertürme errichtet. Abtswasserkunst und Ratswasserkunst zeugen heute noch davon. Zu Beginn des 20. Jahrhunderts wurde ein neuer Wasserturm benötigt. Er sollte für einen stärkeren Wasserdruck sorgen und durch seine integrierte Filteranlage das Wasser säubern und enteisen. 1905 begann man mit dem Bau des Turms, der im Inneren über eine damals hochmoderne Technik verfügte, äußerlich jedoch fast mittelalterlich anmutete. Mit seinen Zinnen und Türmchen sowie neogotischen Architekturdetails sah er wie das Überbleibsel einer historischen Ritterburg aus. Es wird vermutet, dass der Architekt sich dabei von einem Stadttor in Stendal, das aus dem 15. Jahrhundert stammte, inspirieren ließ.

Das Stadtbild war um einen markanten Turm reicher, und die Bürger erhielten durch ihn sauberes Trinkwasser – und das bis 1985. Erst dann wurde die Anlage stillgelegt. Ihr Abriss scheiterte – zum Glück – an zu hohen Kosten, und so konnte der Turm 1998 zu neuem Leben erweckt werden. Ein Trägerverein sanierte ihn mit Hilfe von Fachleuten und Spendengeldern und richtete eine Ausstellung zum Thema »Wasser« und zur Turmhistorie ein. Von der ehemaligen Technik ist noch der 500.000 Liter fassende Wassertank erhalten.

Die Initiative für die Sanierung und Ausstellung kam aus dem Kollegium der benachbarten Hauptschule Stadtmitte, die heute eine Oberschule ist. Sie entwickelte ein Bildungsprojekt, in dem Schülerinnen und Schüler des Abschlussjahrgangs zu Turmführern ausgebildet werden. Und so leiten die Führungen im Turm stets zwei Jugendliche, die dadurch in ihren kommunikativen Kompetenzen, ihrem Selbstbewusstsein und ihrer Eigenverantwortlichkeit gestärkt werden. Ein vorbildliches Projekt, bei dessen Unterstützung man auch noch die tolle Aussicht vom Turm in 56 Meter Höhe genießen kann.

Adresse Bei der Ratsmühle 19, 21335 Lüneburg, www.wasserturm.net | **Anfahrt** A 39 bis Abfahrt Lüneburg-Nord, weiter auf B 4, erste Abfahrt nach Lüneburg, auf Bockelmannstraße, leicht links auf Am Schifferwall, weiter auf Schießgrabenstraße, rechts auf Altenbrückertorstraße, links auf Bei der Ratsmühle | **Öffnungszeiten** Mo–So 10–18 Uhr | **Tipp** Nur einen Steinwurf entfernt liegt St. Johannis mit seinem schiefen Kirchturm und der historischen Orgel. Ihren Klängen soll schon der junge Johann Sebastian Bach während seiner Schulausbildung in Lüneburg gelauscht haben.

66 Der Nonnenchor im Kloster Lüne

Kunstschätze in besonderer Atmosphäre

Ein Ort, den man in der Lüneburger Heide unbedingt gesehen haben muss, ist das Kloster Lüne. Nicht nur wegen der Ruhe, die man in den idyllischen Innenhöfen, wie dem Rosengarten, dem kleinen Friedhof oder dem Kräutergarten, findet. Sondern auch aufgrund der Sehenswürdigkeiten innerhalb der Klostermauern. Neben den edlen mittelalterlichen Textilien, für die das Kloster berühmt ist, sowie dem 600 Jahre alten gotischen Brunnen, der mit seiner Bronzeschale als Wahrzeichen des Klosters gilt, ist der Nonnenchor besonders sehenswert.

Als Teil der 1410 geweihten Klosterkirche St. Bartholomäi war der Nonnenchor einst ausschließlich den Nonnen und später den evangelischen Klosterfrauen vorbehalten. Hier versammelten sie sich zum Stundengebet, zum Gottesdienst sowie zu Andachten. Als ganz besondere Kunstschätze finden sich hier ein Leuchter mit einer Madonnenfigur sowie ein Beweinungsbild, das aus der Werkstatt des bedeutenden Renaissancemalers Lucas Cranach des Älteren stammt. Im Rahmen von Führungen können das Kloster sowie der Nonnenchor besichtigt werden. Dabei erfahren die Besucher, dass die benediktinische Betglocke auch heute noch dreimal täglich von Hand geschlagen wird. Auch das Geläut der vier Glocken zu den Gottesdiensten geschieht noch von Hand.

Bis zu zehn Konventualinnen können heute in dem historischen Komplex leben, der nach zwei Bränden Ende des 14. Jahrhunderts im Stil der Backsteingotik wiederaufgebaut wurde. Sie bewahren die Kunstschätze, leiten die Führungen und organisieren Veranstaltungen. Auf den Nonnenchor laden sie beispielsweise jeden zweiten und vierten Freitag im Monat zu einer Vesper ein. Als ökumenisches Abendgebet ausgerichtet, werden hierbei Psalmen gesungen, Bibelverse gelesen und Momente der Stille genossen.

Adresse Am Domänenhof, 21337 Lüneburg-Lüne-Moorfeld, www.kloster-luene.de | Anfahrt A 39 bis Abfahrt Lüneburg-Nord, weiter auf B 4, erste Abfahrt nach Lüneburg, auf Bockelmannstraße, links auf Erbstorfer Landstraße, rechts auf Lüner Weg, rechts auf Am Domänenhof | Öffnungszeiten Besichtigung nur im Rahmen einer Führung: April – Mitte Okt. Di – Sa 10.30 Uhr, 14.30 Uhr, 15.30 Uhr, So und Feiertage 11.30 Uhr, 14.30 Uhr, 15.30 Uhr | Tipp An der benachbarten Ilmenau führt der historische Treidelweg direkt am Ufer entlang bis ins schöne Dörfchen Bardowick.

67__Das Salzmuseum

Das weiße Gold Lüneburgs

Die Geschichte Lüneburgs ist eng verknüpft mit der Geschichte der Lüneburger Saline. Und so ist das Deutsche Salzmuseum am Standort der ehemaligen Saline nicht nur ein Industriemuseum, sondern in gewisser Weise auch eine stadthistorische Ausstellung. Nachdem Lüneburg im Jahr 956 als einer der ersten Standorte in Deutschland mit der Salzproduktion begann, beherrschte die Salzgewinnung 1.000 Jahre lang die Wirtschaft der Stadt und brachte ihr Wohlstand. Zunächst waren nur Geistliche und Adlige im Besitz der Siedepfannen, mit denen aus der Sole – also dem salzhaltigen Wasser, das unter der Erde floss – durch Verdampfung Salz gewonnen wurde. Später waren immer mehr Siedepfannen in bürgerlicher Hand.

Im Museum erfährt man, dass sich rund um die Solequelle insgesamt 216 solcher Siedepfannen verteilten – je vier pro Siedehütte. Oder auch, dass nicht nur die Kaufleute in Lüneburg vom Salzhandel profitierten und die Stadt zu einem wichtigen Mitglied der Hanse machten. Auch der Stadtrat zog seinen Profit aus der Salzgewinnung und trieb von den Sülzbegüterten, denen die Pfannen gehörten, Steuern ein, um die Stadtschulden zu verringern. Diese wurden zum Missfallen der Sülfmeister stetig erhöht, was schließlich zu einem handfesten, jedoch unblutigen Konflikt, dem Lüneburger Prälatenkrieg, führte.

Auf dem Gelände der Saline befinden sich eine Siedehütte, in der zu Sonderveranstaltungen oder auf Wunsch Siedevorführungen stattfinden, sowie das als Industriedenkmal geschützte Siedehaus von 1924 mit dem Museum. Es zeigt 1.000 Jahre Salzgeschichte, die Wandlung des Salzes vom »weißen Gold« zum Pfennigartikel und gibt Einblicke in die Technik der Salzgewinnung. Empfehlenswert ist eine Führung, die weitere Hintergrundinformationen liefert und es den Besuchern ermöglicht, bei der handwerklichen Salzgewinnung zuzusehen oder sogar selbst einmal als Sieder tätig zu werden.

Adresse Sülfmeisterstraße 1, 21335 Lüneburg-Mittelfeld, www.salzmuseum.de | **Anfahrt** A 39 bis Abfahrt Lüneburg-Nord, weiter auf B 4, erste Abfahrt nach Lüneburg, auf Bockelmannstraße, leicht links auf Am Schifferwall, weiter auf Schießgrabenstraße, weiter auf Willy-Brandt-Straße, rechts auf Stresemannstraße, rechts auf Handwerkerplatz, weiter auf Rote Straße, links auf Wallstraße, links auf Sülztorstraße, rechts abbiegen zum großen Parkplatz am Museum | **Öffnungszeiten** täglich 10–17 Uhr | **Tipp** Die wohltuende Wirkung der Sole erlebt man in der nur wenige Gehminuten entfernten Therme Salü (Uelzener Straße 1–5).

68__Das Museum Lüneburg

Viel mehr als nur Stadtgeschichte

Natur und Kultur stehen in einer engen Wechselwirkung zueinander. Auch die städtische Entwicklung Lüneburgs wurde durch die natürlichen Gegebenheiten vor Ort, wie die solehaltigen Quellen oder die Lage an der Ilmenau, maßgeblich beeinflusst. So entstand die Idee, die Natur- und Kulturgeschichte Lüneburgs und seiner Umgebung an einem Ort, in einem neu gestalteten Museum zu zeigen. Das traditionsreiche Museum für das Fürstentum Lüneburg wurde mit dem Naturmuseum sowie der Stadtarchäologie unter einem Dach vereint. 2015 war es dann so weit: Nach dreijähriger Bauzeit konnte das neue Haus mit dem Namen Museum Lüneburg eröffnet werden.

In sieben Themenräumen wird die Entwicklung der Stadt und der Region dargestellt. Dies beginnt im ersten Raum unter dem Motto »schichten und schieben«. Es wird dargestellt, wie die Landschaft unter dem Einfluss von Wind, Wasser und Eis entstanden ist. Die Ausstellung endet im letzten Raum mit der jüngeren Geschichte und der NS-Zeit unter dem Motto »erinnern und erhalten«. Dazwischen geht es um die Entwicklung der Natur- und Kulturlandschaft, die Stadtgründung, um Fürsten und Herzöge, Aufklärung und Reformation sowie um das Leben im Mittelalter und der frühen Neuzeit. Also um alles, was die Geschichte Lüneburgs ausmacht.

Das Besondere an der Ausstellung ist die klare inhaltliche Gliederung durch diese Themenräume. Auf diese Weise können die interdisziplinären Themen als in sich stimmige Einheit präsentiert werden. Beeindruckend sind auch die vielen Originalexponate aus dem Mittelalter. So findet man hier beispielsweise das Original des Luna-Brunnens, dessen Replik noch heute den Marktplatz ziert. Oder die Wetterfahne des Alten Kaufhauses, das 1959 bis auf die barocke Giebelfassade abgebrannt ist, genauso wie zahlreiche Funde aus Kloaken. Sie sind für Archäologen ein Glücksgriff, da im Mittelalter viele Gebrauchsgegenstände einfach mit dem Unrat entsorgt wurden.

Adresse Willy-Brandt-Straße 1, 21335 Lüneburg-Rotes Feld, www.museumlueneburg.de | **Anfahrt** A 39 bis Abfahrt Lüneburg-Nord, weiter auf B 4, erste Abfahrt nach Lüneburg, auf Bockelmannstraße, leicht links auf Am Schifferwall, weiter auf Schießgrabenstraße, weiter auf Willy-Brandt-Straße | **Öffnungszeiten** Di, Mi, Fr 11–18 Uhr, Do 11–20 Uhr, Sa, So, Feiertage 10–18 Uhr | **Tipp** Nur wenige Meter vom Museum entfernt – direkt an der Ilmenau – liegt Schröders Garten (Vor dem Roten Tore 72). Der Biergarten ist im Sommerhalbjahr vor allem wegen seiner schönen Lage am Wasser einen Besuch wert (Tel. 01431/48877).

69_Der Kalkberg

Geschrumpfte Keimzelle der Stadt

Mons, pons, fons. Im Stadtmotto Lüneburgs, das die drei Keimzellen Berg, Brücke und (Sole-)Quelle benennt, wird der Kalkberg an erster Stelle genannt. Daraus lässt sich ablesen, dass die 56 Meter hohe Erhebung inmitten der Stadt schon immer eine besondere Bedeutung für selbige hatte. Schon im 8. Jahrhundert soll Karl der Große an einem Ort mit dem Namen »Hliuni« Rast gemacht haben. Später stand auf dem Kalkberg der herzogliche Herrschaftssitz – die sogenannte Hliuniburg, von der sich der Stadtname Lüneburg abgeleitet hat. Während des Erbfolgekriegs erstürmten die Bürger im Februar 1371 die Burg und zerstörten sie, um sich von der Herrschaft der Herzöge zu befreien.

Fortan bestand der wichtigste Nutzen des Kalkbergs darin, der Gewinnung von Gips als Baumaterial zu dienen. Denn trotz des irreführenden Namens: Der Kalkberg ist eigentlich ein Gipsberg. Das Gestein hatte sich wie ein Hut über das darunterliegende Salz gestülpt und war durch den Aufstieg des Salzes nach oben gedrückt worden. Ursprünglich auf 80 Meter Höhe. Doch da Gips im Mittelalter ein gefragter Rohstoff war, schrumpfte der Berg im Laufe der Jahrhunderte auf seine heutige Größe. Dabei büßte er nicht nur an Höhe, sondern auch an Umfang ein. Erst 1922 wurde der Abbau gestoppt, zehn Jahre später erklärte man den Berg zu einem der ersten Naturschutzgebiete Deutschlands.

Seither konnte sich eine große Artenvielfalt in diesem ungewöhnlichen innerstädtischen Naturschutzgebiet entwickeln. Allen voran sind die 250 Blütenarten zu nennen, von denen viele auf der Roten Liste bedrohter Arten stehen. Viele Pflanzen auf dem Kalkberg lieben Wärme, Licht und natürlich Kalk und sind nur selten in Deutschland zu finden – ihre Heimat ist das südliche Mitteleuropa. Wer dem Spazierweg auf den Kalkberg folgt, kann nicht nur die reichhaltige Natur entdecken, sondern wird mit einem schönen Ausblick auf die Stadt belohnt.

Adresse Beim Kalkberg, 21339 Lüneburg-Weststadt, www.kalkberg-lueneburg.de | **Anfahrt** A 39 bis Abfahrt Lüneburg-Nord, abfahren Richtung Zentrum auf Hamburger Straße, weiter auf Vor dem Bardowicker Tore, rechts auf Hindenburgstraße, links auf Am Springintgut, rechts auf Lauensteinstraße, im Kreisel dritte Ausfahrt, weiter bis zum Kalkberg | **Tipp** In der Nähe des Kalkbergs führt der Friedenspfad vorbei, der verschiedene Denkmale in Lüneburg miteinander verbindet. So zum Beispiel Am Graalwall, Ecke Am Springintgut, wo die Straßenpflasterung das Fundament des ehemaligen Stadtturms nachzeichnet, in dem einst der Bürgermeister Springintgut ums Leben kam.

70 Das Panzermuseum

Stahlkolosse zum Anfassen

Es ist ein schwieriges Thema, dem sich das Deutsche Panzermuseum in Munster widmet. Zumal sich das Haus, in dem schweres Kriegsgerät ausgestellt wird, in gerade einmal 30 Kilometer Entfernung von der Gedenkstätte Bergen-Belsen befindet. Doch das Museum gehört genau an diesen Ort. Schließlich hat die Lüneburger Heide eine lange Geschichte als Standort für Truppenübungsplätze und Produktionsstätte für Munition und das dunkelste Kapitel während des Zweiten Weltkriegs hinter sich.

Im Deutschen Panzermuseum nähert man sich dem Ausstellungsthema auf zwei Weisen. Zum einen ist es ein technisches Museum, das den Aufbau und die Funktionsweise der überdimensionalen Fahrzeuge präsentiert. Denn diese sind auch für technisch wenig bewandertes Publikum äußerst beeindruckend. Zumal man eine solch große Zahl gut erhaltener Panzer nur an wenigen Orten auf der Welt besuchen kann. Das wird schnell klar, wenn man sich unter den Besuchern umsieht und feststellt, dass diese aus allen Teilen der Welt stammen. An Tagen der »offenen Luke« können die Besucher ausgewählte Exponate sogar von innen besichtigen. Ein Panzer ist an allen Museumstagen begehbar.

Zum anderen setzt sich die Ausstellung seit einigen Jahren zunehmend kritisch mit den sozial- und kulturhistorischen Aspekten der gezeigten Kriegsgeräte auseinander. Im Ausstellungsteil »Elemente des Krieges« werden erstmals Bilder von Verwundeten oder Toten gezeigt. Der Anspruch ist es, die Wirkung der technischen Geräte aufzuzeigen, und das nicht nur anhand von durchlöcherten Panzerplatten. Die Begeisterung der Technikfans soll damit nicht getrübt, jedoch in ein ausgewogenes Verhältnis zum Respekt vor den Opfern gerückt werden.

Einmal im Jahr kommen die von der Technik begeisterten Besucher aber dennoch voll auf ihre Kosten, wenn einige Exponate durch die Heide rollen. Das Spektakel zieht stets mehrere tausend Menschen an.

Adresse Hans-Krüger-Straße 33, 29633 Munster, www.daspanzermuseum.de | **Anfahrt** A 7 bis Abfahrt Soltau-Ost, B 71 Richtung Munster, im Ortskern der Beschilderung zum Panzermuseum folgen | **Öffnungszeiten** Di–So, Feiertage 10–18 Uhr, Juni–Sept. täglich 10–18 Uhr | **Tipp** Wesentlich filigraner geht es bei der Glaskunstausstellung »Glasplastik und Garten« zu, die 1996 Premiere feierte und seitdem alle zwei – seit 2010 alle drei – Jahre in Munster stattfindet. Sie ist die umfangreichste und längste Veranstaltung ihrer Art in Europa (www.glasplastik-und-garten.de).

71 Die Schafstallkirche

Der Herr ist mein Hirte

Es gibt wohl kaum einen Ort, an dem das Bildnis von Gott als gutem Hirten und den Gemeindemitgliedern als Schäfchen so gut passt wie in der Kirche St. Martin in Munster. Das Gotteshaus ist nämlich ein ehemaliger Schafstall. Dieser stand rund 150 Jahre lang knapp sechs Kilometer entfernt im Dörfchen Kohlenbissen. 1987 konnte er vor dem Abriss bewahrt und in Einzelteilen an den nordwestlichen Stadtrand von Munster transloziert und wieder aufgebaut werden. Seither steht die reetgedeckte Halle am Waldrand, umgeben von Heide, Wacholder und Wildblumen. Ein wahrhaft idyllisches Fleckchen, das nicht nur die Angehörigen der St.-Martin-Gemeinde zum regelmäßigen Kirchgang einlädt.

Im Inneren bezaubert die Kirche durch ihre Gestaltung mit Holz und Fachwerk mit schlichtem Charme. Die hölzernen Querbalken, die das Dach tragen, nehmen das bereits erwähnte Gleichnis von Gott als gutem Hirten auf. In großen weißen Buchstaben ist auf ihnen der berühmte Psalm 23 angeschrieben, der mit den Worten »Der Herr ist mein Hirte, mir wird nichts mangeln« beginnt. Auf eine prunkvolle Ausstattung wurde gänzlich verzichtet. Altar, Kanzel und Jesuskreuz sind aus Holz, die figürlichen Schnitzereien sehr einfach gehalten.

Ein besonderer Blickfang ist die Krippe, die in der Schafstallkirche zur Weihnachtszeit in den Mittelpunkt gerückt wird, aber das Haus auch den Rest des Jahres ziert. Schließlich ist der berühmteste Stall in der Geschichte des Christentums der, in dem Gottes Sohn zur Welt kam. Eine Besonderheit der Krippendarstellung in St. Martin ist, dass zu ihr kein Stall gehört, da sie schon in einem echten Stall steht. Die Figuren wurden aus rohen, 400 Jahre alten Eichenbalken eines Osttiroler Bauernhauses gefertigt. Nur die Köpfe und einzelne Merkmale wurden bearbeitet. So erhält das Ensemble wie die restliche Einrichtung einen schlichten und modernen Charakter.

Adresse Marienburger Straße 1, 29633 Munster, www.schafstallkirche.de | **Anfahrt** A 7 bis Abfahrt Soltau-Ost, B 71 Richtung Munster, nach dem Ortseingang rechts auf Breslauer Straße und rechts auf Marienburger Straße | **Öffnungszeiten** April – Okt. täglich 10 – 18 Uhr | **Tipp** Bei der St.-Urbani-Kirche in Munster befindet sich der Ollershof (Kirchgarten 2). Auf der historischen Hofstelle sind neben dem Haupthaus unter anderem die Remise, das Backhaus, ein Treppenspeicher und die benachbarte Wassermühle erhalten.

72__Die Oldendorfer Totenstatt

Eindrucksvoll und ganz schön alt

Die Überreste der frühmenschlichen Kulturen – insbesondere die Großsteingräber aus der Jungsteinzeit – faszinieren nicht nur Archäologen. Denn die Bewegung der tonnenschweren eiszeitlichen Findlinge ohne technische Hilfsmittel war eine große Kraftleistung. Die Oldendorfer Totenstatt, die auf einer schönen Heidefläche außerhalb der Gemeinde liegt, ist eine wahre Fundgrube für Archäologen. Hier sind drei jungsteinzeitliche Hünengräber zu finden, von denen das älteste auf 3.000 vor Christus datiert wird. Außerdem finden sich auf dem Gelände eine Steinkammer sowie drei Grabhügel. Die Grabhügel entstammen der jüngeren Bronzezeit. Außerdem wurden zwei Urnenfriedhöfe aus der vorrömischen Eisenzeit lokalisiert. Diese Funde belegen, dass der Ort über längere Zeit hinweg von verschiedenen Kulturen genutzt wurde.

Das südöstlich gelegene Hünenbett Nummer 4 war einst das größte von ihnen und wurde ursprünglich von 108 Steinen umfasst. Hier wurden Trinkgefäße aus der Trichterbecherkultur, der Kugelamphorenkultur sowie der Einzelgrabkultur gefunden. Dass in Hünengräbern häufiger Gebrauchsgegenstände als menschliche Überreste gefunden werden, ließ Wissenschaftler darüber diskutieren, ob die Steinanlagen überhaupt für Bestattungen genutzt wurden. Eine Theorie ist jedoch, dass die Menschen damals regelmäßige Speise- und Trankopfer an den Gräbern darbrachten, um die Hilfe der Ahnen zu erbitten.

Die Oldendorfer Totenstatt ist nicht nur aufgrund der eindrucksvollen Grabkammerreste sehenswert, sondern bietet sich auch durch die malerische Lage, eingebettet in Heideflächen, umgeben von Wanderwegen, für einen Besuch an. Beschilderungen kennzeichnen die einzelnen Anlagen. Wer Näheres über die Gräber und die Funde dort erfahren will, wird im Archäologischen Museum in Oldendorf fündig. Es ist über einen schönen Uferweg entlang der Lopau und Luhe erreichbar.

Adresse 21385 Oldendorf (Luhe), geführte Wanderungen zur Totenstatt über die Tourist-Info Amelinghausen (Tel. 04132/920943) | **Anfahrt** A 7 bis Abfahrt Egestorf, Richtung Lübberstedt, über Eyendorf und Putensen nach Oldendorf (Luhe), im Kreisel zweite Ausfahrt nach Oldendorf (Luhe), im Ortskern links auf Mühlenstraße, bis zum Ende durchfahren und parken, zu Fuß weiter, den Weg nach rechts abbiegen | **Tipp** Die Luhe eignet sich hervorragend zum Kanuwandern. Es sind Tagestouren bis nach Winsen möglich. Kanuverleih zum Beispiel bei Heide-Kanu in Oldendorf (Marxener Straße 23, www.heide-kanu.de).

73_Das Marxener Paradies

Wo der Name Programm ist

Ein kleines Tal, abgeschirmt von Straßen und Lärm. Mit einem Teich und einer Wiese, die im Sommer bunt blüht. Die sanft ansteigenden Hänge sind mit Heide und Wacholderbüschen bewachsen. Rundherum ist das ausgeprägte Kerbtal von Wald umgeben. Es ist ganz offensichtlich, warum dieser Ort den Namen Paradies erhielt. Und da er in der Nähe des Oldendorfer Ortsteils Marxen am Berge liegt, wurde er zum Marxener Paradies. Idyllischer geht es kaum. Natürlich ist es hier am schönsten zur Blütezeit der Heide im August und September, aber auch zu den anderen Jahreszeiten hat dieses Fleckchen Erde seinen Reiz.

Man kann hier die verschiedenen Biotope, die für die Lüneburger Heide typisch sind, auf einem kleinen Rundweg erwandern. Er ist nur gut einen Kilometer lang, aber sehr abwechslungsreich. Durch Mischwälder, Lehm- und Sandheiden und einen Wacholderhain umrundet man das Tal. Dabei geht es immer wieder steil bergauf und bergab. Das ist aber nicht der Grund, warum man für die relativ kurze Strecke dennoch eine knappe Stunde einplanen sollte. Der eigentliche Grund ist der, dass man gar nicht umhinkann, immer wieder anzuhalten, die Ruhe zu genießen und den Blick über die Landschaft schweifen zu lassen.

Im Wald fällt dem aufmerksamen Naturbeobachter auf, dass der Großteil der Bäume – insbesondere Rot- und Hainbuchen – mehrstämmig gewachsen ist. Sie zeugen von der früheren Nutzung als Niederwald. Dabei wurden die Bäume in einem Zyklus von zehn bis 30 Jahren gefällt. Aus ihrem Wurzelstock oder dem verbliebenen Stumpf entstanden neue Triebe, der sogenannte Stockausschlag. Dieser wurde nach entsprechendem Zyklus wieder gefällt. Dadurch erhielten die Bäume ihre niedrige, strauchartige Erscheinung, und die Menschen gewannen auf effektive und schnelle Weise Brennholz. Nachdem die Holznutzung aufgegeben wurde, entwickelte sich der Wald in seiner heutigen Form.

Adresse Drögennindorfer Straße, 21385 Oldendorf (Luhe)-Marxen am Berge | **Anfahrt** A 7 bis Abfahrt Egestorf, Richtung Lübberstedt, über Eyendorf und Putensen nach Oldendorf (Luhe), im Kreisel dritte Ausfahrt Richtung Wetzen, rechts Richtung Marxen am Berge, links auf Drögennindorfer Straße Richtung Drögennindorf, auf dem ausgeschilderten Parkplatz halten und weiter zu Fuß | **Tipp** Vom Marxener Paradies kann man in gut einer Stunde bis nach Amelinghausen zum Lopausee wandern. Dort angekommen kann man sich in einem der netten Cafés erfrischen oder im Tretboot die Ruhe auf dem Wasser genießen.

74 Das Kulturforum Burghof

Gelungene Integration einer mittelalterlichen Burg

Einst gab es in Rethem an der Aller eine stattliche Burg mit Wassergraben, Zugbrücke, Zwinger und Türmen, mit Wohn- und Wehrgebäude sowie einer wechselvollen Geschichte. Vermutlich im 13. Jahrhundert errichtet, wurde über sie im Lüneburger Erbfolgekrieg 1371 die Reichsacht verhängt. 15 Jahre später wurde die Burg mitsamt dem Ort Rethem an die Stadt Lüneburg verpfändet. Ein strategisch guter Zug für die Hansestädter, denn an dieser Stelle gab es einen Übergang über die Aller, was für den damals alles bestimmenden Salzhandel wichtig war. Zugleich sicherte die Burg die Landesgrenze des Herzogtums. In späteren Jahrhunderten kam es immer wieder zu Plünderungen, Zerstörungen, Wiederaufbau. Im 18. und 19. Jahrhundert war Burg Rethem Amtssitz, doch als sie diesen Status 1856 verlor, begann ihr Niedergang, der durch Stadtbrände und Kriegszerstörungen im frühen 20. Jahrhundert besiegelt wurde. Geblieben sind lediglich Mauerreste, zwei Fachwerkhäuser und eine Scheune.

Es folgten wenig glanzvolle Jahre, in denen die Anlage als städtischer Bauhof und Straßenmeisterei genutzt wurde. Doch als im Jahr 1998 ein Plan zur Dorferneuerung erstellt wurde, sollte dem Burghof eine neue Nutzung zugewiesen werden. Die Gemeinde stellte sich an diesem Ort ein Ausstellungs- und Veranstaltungszentrum vor. Es erfolgten archäologische Ausgrabungen, bei denen neben kleineren Gebrauchsgegenständen auch Brunnen sowie Fundamente und Mauerreste aus dem Mittelalter freigelegt wurden. Letztere wurden in den Neubau des »Kulturforums Burghof« integriert und machen die Geschichte des Ortes wieder sichtbar. Mit Stufengiebeln, Zinnen, einem Türmchen sowie einer nachempfundenen Zugbrücke nimmt das Gebäude auch äußerlich einen klaren Bezug auf die Burg, die hier einst stand. Ein wahrhaft passender Ort für die kulturhistorische Dauerausstellung, die im Untergeschoss des Kulturforums eingezogen ist.

Adresse Lange Straße 2, 27336 Rethem (Aller), www.burghof-rethem.de | **Anfahrt** A 27 bis Walsrode-West, B 209 Richtung Rethem, der Burghof befindet sich am Ortseingang, nach der Allerbrücke auf der linken Seite | **Öffnungszeiten** zu den Veranstaltungen gemäß Website, von außen jederzeit | **Tipp** Im benachbarten Londy-Park an der Aller steht eine Bockwindmühle, die zu den ältesten erhaltenen Mühlen in Niedersachsen zählt. Sie stand ursprünglich in Frankenfeld und wurde 1955 nach Rethem gebracht.

75__Das Kinomuseum

100 Jahre Filmvorführtechnik

Eine Handvoll leidenschaftlicher Cineasten mit viel Mut und Arbeitseifer. Mehr braucht es scheinbar nicht, um den Traum vom eigenen Kinomuseum zu realisieren. Nun ja, nicht ganz. Natürlich werden auch ein Ausstellungsgebäude und Exponate benötigt. Ersteres fand sich im ehemaligen Raiffeisengebäude der Gemeinde Vollbüttel. Letztere hatten die Kinobegeisterten bereits privat gesammelt. Und so konnte 1997 das Kinomuseum die ersten Besucher empfangen. Dort, wo einst Stroh und Korn lagerten, werden seither Filmprojektoren, Objektive, Steuerpulte, Tonbandgeräte, Verstärker ausgestellt und vieles mehr, was für eine Filmvorführung benötigt wurde und wird. Kinofreunde können in diesem Museum, betrieben vom Verein der Freunde und Förderer des Museums für Kinematographie e. V., nicht nur einen Blick hinter die Kulissen werfen, sondern vor allen Dingen erfahren, wie sich die Technik in den vergangenen 100 Jahren verändert hat.

Spannend ist auch der Ausstellungsteil über die Stromversorgung der Kinoprojektoren. Schließlich benötigen diese zur Vorführung eines Films auf großer Leinwand auch große Stromstärken – und zwar als Gleichstrom. Dabei arbeiteten die eingesetzten Gleichrichter mit Quecksilberdampf in mehreren Röhren. Zumindest bis in die 1940er Jahre.

Nach Einführung der digitalen Projektionstechnik im 21. Jahrhundert bedarf es zwar keiner großen Filmrollen mehr, die Vorführgeräte besitzen jedoch weiterhin eine imposante Größe, sie sind nicht mit haushaltsüblichen Beamern vergleichbar. Schwerpunkt der Ausstellung ist die klassische Filmtechnik, die sich auch in der Einrichtung des Kinosaals widerspiegelt. Genauso wie in der Filmauswahl für das jährliche Freiluftereignis, das immer am Ende der Sommerferien stattfindet. Egal, ob Polanskis Vampire tanzen oder ob in 80 Tagen um die Welt gereist wird, das Publikum liebt die Klassiker und das jeweils passende Rahmenprogramm.

Adresse Raiffeisenstraße 11, 38551 Ribbesbüttel-Vollbüttel | **Anfahrt** A 2 bis Kreuz Braunschweig-Nord, B 4 Richtung Gifhorn, links nach Ribbesbüttel, der Beschilderung nach Vollbüttel und zum Kinomuseum folgen | **Öffnungszeiten** So 14–18 Uhr (nicht an Feiertagen), Winterpause auf www.kinomuseum.de | **Tipp** Nur 15 Autominuten entfernt liegt das Künstlerhaus Meinersen – ein prächtiges Fachwerkhaus mit vielfältigen künstlerischen Ausstellungen (www.kuenstlerhaus-meinersen.de).

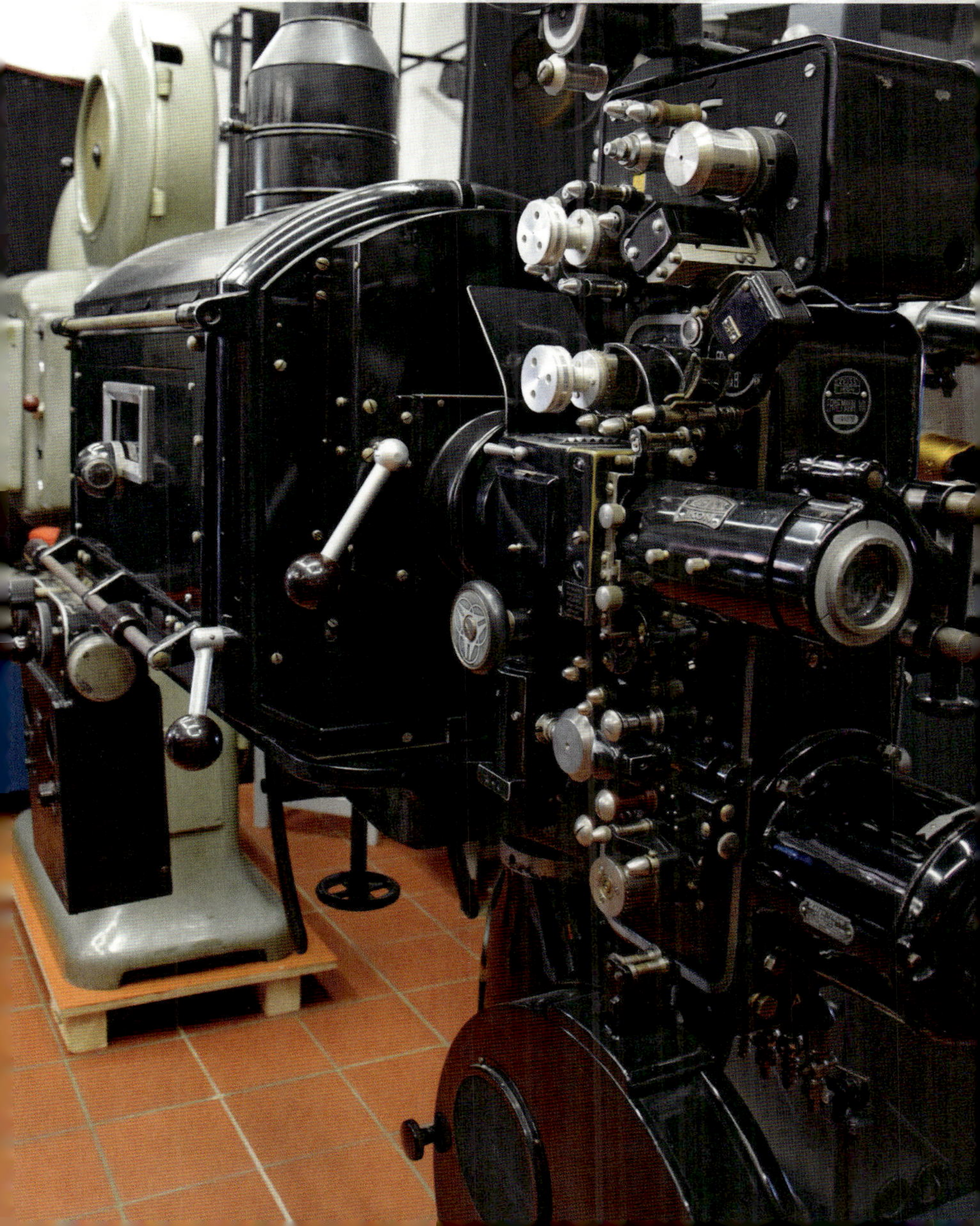

76__Das Agrarium

Wie kommt eigentlich die Milch in die Tüte?

In einem klassischen Freilichtmuseum wird die bäuerliche Lebensweise vergangener Jahrhunderte dargestellt – und damit meist auch das Thema Lebensmittelproduktion gestreift. Schließlich waren die Menschen auf den Dörfern früher Selbstversorger. Im Freilichtmuseum am Kiekeberg werden deshalb auch alte Nutztierrassen gehalten und fünf historische Gärten sowie der landwirtschaftliche Entdeckergarten gepflegt. Doch das Museum hat sich darüber hinaus auf ganz intensive Weise dem Thema Ernährung und Landwirtschaft verschrieben: Es errichtete mit dem Agrarium eine eigene Ausstellungswelt, in der sich alles um die Lebensmittelproduktion von gestern, heute und morgen dreht.

Auf drei Etagen erfahren schon die Kleinsten, welcher Zusammenhang zwischen Landwirtschaft und dem, was später auf dem Teller liegt, besteht. Die Ausstellung zeigt, wie sich die Landwirtschaft und damit auch unsere Ernährungsgewohnheiten über die Jahrhunderte verändert haben.

An zahlreichen Mitmachstationen können Kinder wie Erwachsene experimentieren und vieles über Lebensmittel erfahren. Hier kann man beispielsweise selbst melken und anschließend die Milch im Butterfass stampfen. Traktorfans können ihre Fahrkünste an einem Simulator austesten und die über 30 historischen Landmaschinen bewundern. Sie sind im sogenannten Treckerturm, einer Art überdimensionalem »Setzkasten«, der sich über mehrere Etagen erstreckt, untergebracht. Die Entwicklung der Landwirtschaft sowie die der Lebensmittelindustrie werden an vielen Schautafeln und multimedialen Elementen dargestellt.

Das Lernen geht auch im Museumsladen weiter, wo man eine traditionell hergestellte Hausmacherwurst erhält, die von den glücklich und artgerecht im Museum lebenden Bentheimer Schweinen stammt. Und auch im Museumscafé geht es anschaulich zu, wenn vor den Augen und Nasen der Besucher Kaffeebohnen frisch geröstet werden.

Adresse Am Kiekeberg 1, 21224 Rosengarten-Ehestorf, www.kiekeberg-museum.de | **Anfahrt** A 7 bis Abfahrt Hamburg-Marmstorf, der Weg zum Museum ist ausgeschildert | **Öffnungszeiten** Di–Fr 9–17 Uhr, Sa, So und Feiertage 10–18 Uhr; Nov.–März sind ab Einbruch der Dunkelheit nur noch die Ausstellungen in den Häusern 1 und 7 geöffnet | **Tipp** Direkt in der Nachbarschaft liegt der ebenfalls sehenswerte Wildpark Schwarze Berge (Nov.–März 9–16.30 Uhr, April–Okt. 8–18 Uhr, geöffnet bis Einbruch der Dunkelheit, im Sommer bis 20 Uhr).

77_Das Mekka des Pferdesports

Wo Reiter und Pferde ihre Vielseitigkeit beweisen

Eigentlich ist es nur ein kleines Dorf, das zur Gemeinde Salzhausen gehört. Und doch ist sein Name ein weltweit bekannter Begriff – zumindest unter Vielseitigkeitsreitern. Denn in Luhmühlen wird eines der wichtigsten Vielseitigkeitsturniere der Welt ausgetragen. Auf dem europäischen Festland gibt es nur zwei Möglichkeiten für die Reiter, eine CCI****-Prüfung abzulegen – im französischen Pau und jedes Jahr im Juni in Luhmühlen. Dabei müssen Reiter wie Pferde Teilprüfungen in den Disziplinen Geländeritt, Springen und Dressur ablegen.

Alles begann beim örtlichen Pferdezucht- und Reitverein, dessen Ursprünge auf das Jahr 1910 zurückgehen. 1956 wurde mit der Austragung der Stubbendorf-Vielseitigkeitsprüfung der Grundstein für Luhmühlens Aufstieg zum Top-Standort der Vielseitigkeitsreiterei gelegt. Nur zwei Jahre später bereitete sich die Olympiamannschaft im Military, wie die Sportart damals noch hieß, in Luhmühlen auf das große Turnier vor. Es folgte die Austragung von Deutschen sowie Europameisterschaften und als Highlight die Weltmeisterschaft 1982. Vor der Europameisterschaft 2011 wurden die Anlagen des Ausbildungszentrums zukunftstauglich gemacht und im großen Stil ausgebaut: eine überdachte Tribüne mit 850 Sitzplätzen, 3.500 Parkplätze, ein Gebäude für die Organisation und als Pressezentrum et cetera.

Eine große Investition für große Anlagen, die selbst bei regelmäßiger Nutzung für unterschiedliche Turniere durch das Ausbildungszentrum, die Turniergesellschaft und den Reitverein in Luhmühlen noch Kapazitäten hat. Daher wird das Gelände in der turnierfreien Zeit als Eventpark Luhmühlen vermarktet. Mit »100.000 Quadratmetern voller Vielseitigkeit« bietet er Platz für unterschiedlichste Veranstaltungen. So sollen künftig Open-Air-Konzerte, Theatervorführungen, Sportevents und vieles mehr die kulturelle Vielfalt und Freizeitangebote in der Heide bereichern.

Adresse Bruchweg 5, 21376 Salzhausen-Luhmühlen, www.luhmuehlen.de | Anfahrt A 7 bis Abfahrt Garlstorf, Richtung Garlstorf, über Gödenstorf und Salzhausen nach Luhmühlen, links auf Bruchweg | Öffnungszeiten Mo–Fr 8.30–12.30 Uhr, Di, Do 16–19 Uhr | Tipp In Salzhausen lohnt sich der Weg zum Paaschberg mit Skulpturenpfad und Aussichtsturm (Parken: Am Paaschberg).

78__Das Schiffshebewerk

Eines der größten seiner Art

Schon im Mittelalter nutzte die Hansestadt Lüneburg den Transportweg auf dem Wasser für sich. Da wollte man in der Neuzeit nicht durch andere Städte, die an moderne Wasserstraßen angebunden wurden, abgehängt werden. 1976 war es nach jahrzehntelanger Planung und achtjähriger Bauzeit endlich so weit: Der Elbe-Seitenkanal wurde eröffnet. Fortan verband er die Elbe und den Mittellandkanal miteinander und führte direkt an Lüneburg vorbei. Der Schiffsverkehr auf der Gesamtstrecke konnte jedoch erst ein Jahr später aufgenommen werden, da nur einen Monat nach der Eröffnung ein Damm beim Lüneburger Vorort Adendorf brach und 15 Quadratkilometer Land überspülte.

Seit 1975 floss bereits der Verkehr auf dem nördlichen Teilstück des Kanals, denn das Schiffshebewerk in der Gemeinde Scharnebeck war schon zwei Jahre vor der Kanaleröffnung fertig. Das Bauwerk, das damals das weltweit größte seiner Art war, ermöglicht Frachtschiffen, 38 Höhenmeter zu überwinden. Noch heute ist es das größte Doppelsenkrecht-Hebewerk in Deutschland. Mit dem Prinzip der Nassförderung schwimmt das Schiff in einem abgedichteten Trog, der die Nutzmaße von 100 Meter Länge, 11,8 Meter Breite und 3,38 Meter Tiefe umfasst. Den Höhenunterschied bewältigen die Schiffe darin in nur drei Minuten. Inklusive Ein- und Ausfahrt dauert die Durchfahrt des Schiffshebewerks insgesamt 15 bis 20 Minuten.

Das spektakuläre Schauspiel einer Schiffshebung zieht jedes Jahr mehr als eine halbe Million Besucher an. Damit ist das technische Bauwerk einer der wichtigsten Besuchermagneten in der Lüneburger Heide. Die Führungen durch das Schiffshebewerk können durch einen Besuch in der benachbarten Ausstellungshalle ergänzt werden. Hier können die technischen Vorgänge des Hebewerks an einem Großmodell besser beobachtet und erklärt werden. Ein besonderes Highlight ist die Fahrt durch das Hebewerk auf einem Fahrgastschiff.

Adresse Am Unteren Vorhafen, 21379 Scharnebeck, www.schiffshebewerk-scharnebeck.de | **Anfahrt** A 39 bis Abfahrt Lüneburg-Nord, weiter auf B 4, Richtung Scharnebeck abfahren, nach Überqueren des Elbe-Seitenkanals links zum Schiffshebewerk abbiegen | **Öffnungszeiten** Die Besucherplattformen sind jederzeit frei zugänglich, Ausstellungshalle April–Okt. Mo–So 10–18 Uhr, Informationen zu Führungen und Schifffahrten bei der Tourist-Information unter Tel. 04136/90721 | **Tipp** Im Wald direkt neben dem Schiffshebewerk befindet sich ein Kletterparcours in bis zu 15 Meter Höhe (www.kletterwald-scharnebeck.de).

79__Die Eine-Welt-Kirche

Das naturverbundene Gotteshaus

Was bleibt, wenn eine Weltausstellung geht? Besondere Projekte, wie die Eine-Welt-Kirche. Als die Expo im Jahr 2000 nach Hannover kam, wurden in ganz Deutschland dezentrale Projekte initiiert. Viele davon bestehen noch heute. So auch das Gotteshaus der evangelisch-lutherischen Markusgemeinde Schneverdingen. Schon die Architektur ist außergewöhnlich. Das Gebäude wurde in einer für Norddeutschland einzigartigen Brettstapelbauweise errichtet. Dafür wurden nur heimische Fichten-, Kiefern- und Eichenhölzer verwendet, die durch regelmäßige und notwendige Durchforstung gewonnen wurden. Da die Stämme meist eher dünn sind, können sie kaum für den Bau verwendet werden – außer mit der Brettstapel-Technik. Dass für die Kirche nachhaltig mit dem Rohstoff Holz umgegangen wurde, liegt daran, dass ihr Bau ein Projekt des Weltforums Wald war.

Im Inneren der Kirche, deren Gemeinde übrigens genau so jung wie das Haus ist, nehmen die Architektur und Fußbodengestaltung die christlichen Symbole Kreis, Quadrat und Kreuz auf. Über dem gemeinsamen Mittelpunkt dieser drei geometrischen Figuren erhebt sich der Turm mit seiner gläsernen Spitze. Von dort fällt das Licht direkt auf den »Eine-Erde-Altar«, der von der Künstlerin Marianne Greve konzipiert und realisiert wurde. Die Erde – als Synonym für den Globus und den Boden – stellt in allen Weltreligionen ein wichtiges Element dar. So wurde ein transparenter Altar geschaffen, der mit der modernen Interpretation eines Triptychons ausgestattet ist. In dieser dreiflügeligen Wand hinter dem Altartisch können bis zu 7.000 Plexiglas-Bücher, die mit Erde gefüllt wurden, Platz finden. So entsteht eine Erdbibliothek mit Büchern aus der ganzen Welt. Auf diese Weise vereinigen sich beide Erd-Synonyme, und in der Eine-Welt-Kirche ist dadurch die ganze Welt zu Hause. Einer der ersten »Erdspender« war übrigens kein Geringerer als der Dalai Lama.

Adresse Ernst-Dax-Straße 8, 29640 Schneverdingen, www.eine-welt-kirche.de | **Anfahrt** A 7 bis Abfahrt 43a (bei Bispingen), B 3 Richtung Schneverdingen, im zweiten Kreisel dritte Ausfahrt auf Scharrler Straße, im nächsten Kreisel zweite Ausfahrt auf Schneverdinger Straße, rechts auf Ernst-Dax-Straße | **Öffnungszeiten** So und Feiertage 14–16 Uhr, Gottesdienst So 11 Uhr, individuelle Führungen nach Anmeldung unter Tel. 05193/800828 | **Tipp** Ganz in der Nähe liegt Hof Möhr mit seinem schönen Bauerngarten. Er ist zugleich Sitz der Alfred Toepfer Akademie für Naturschutz und informiert über ihre Aufgaben und Tätigkeiten.

80__Der Höpen

»Fifty shades of lila«

Wer glaubt, Heide ist gleich Heide, der irrt sich gewaltig. Allein von der in Nordeuropa vorkommenden Besenheide gibt es rund 1.000 kultivierte Sorten. Sie unterscheiden sich in erster Linie durch die Farbe ihrer Blüten, die von einem tiefen Lila- oder Fliederton bis Weiß reicht. Manche Sorten blühen zu anderen Jahreszeiten als wie üblich im Spätsommer. Und auch die Kulturlandschaft der Lüneburger Heide besteht nicht monotypisch nur aus Heidekraut, sondern aus einer Vielfalt von Landschaftsformen. Kiefern- und Birkenwälder, Wacholderflächen, Moore, Acker- und Weideflächen. Dazwischen grasende Heidschnucken und Bienenkörbe.

Ein schönes Abbild der Heidelandschaft findet man im Landschaftsschutzgebiet Höpen, das sich nördlich an das Stadtgebiet von Schneverdingen anschließt. Schautafeln informieren an unterschiedlichen Standorten über die verschiedenen Landschaftsformen. Am Schafstall im Höpen kann man spätmorgens und frühabends den Aus- und Eintrieb der Heidschnuckenherden sehen. Hier beginnt auch der Heidebauernweg: Auf den Ackerflächen entlang des einstündigen Naturlehrpfads werden alte Feldfruchtsorten kultiviert, wie es schon die Heidebauern in früheren Jahrhunderten taten. Unterwegs kann man sich über das Leben und Arbeiten in der Heide zur damaligen Zeit schlaumachen.

Besonders eindrucksvoll ist der Heidegarten im Höpen, direkt am Schneverdinger Ortsrand. Es gibt kaum einen besseren Ort, um die eingangs erwähnte Sortenvielfalt der Besenheide bildlich zu erleben. Allein im Rondell, einem großen Beet, in Form einer Sonnenuhr gestaltet, blühen mehr als ein Dutzend verschiedenfarbige Besenheiden. Am besten, man besteigt den Aussichtsturm, um sich aus der Vogelperspektive einen guten Überblick zu verschaffen. Von hier aus kann man auch das aus Heidepflanzen gestaltete Schneverdinger Stadtwappen und alle anderen 150 angepflanzten Heidesorten gut erkennen.

Adresse Overbeckstraße 57, 29640 Schneverdingen | **Anfahrt** A 7 bis Abfahrt 43a (bei Bispingen), B 3 Richtung Schneverdingen, auf B 3 bleiben, links Richtung Schneverdingen, weiter auf Alte Landstraße, weiter auf Am Holzfeld, rechts auf Overbeckstraße, am Ende der Straße liegt der Eingang zum Heidegarten mit großem Parkplatz | **Tipp** Von April bis Oktober gibt es geführte Wanderungen durch den Höpen und den Heidegarten. Informationen dazu erteilt die Schneverdingen-Touristik unter Tel. 05193/93800.

81__Das Pietzmoor

Natur pur auf Holzbohlen

Sattlila blühende Heideflächen so weit das Auge reicht. So stellen sich viele Menschen die Natur in der Lüneburger Heide vor – also zumindest diejenigen, die noch nie hier waren. Aber wer die Region besser kennt, der weiß, dass es auch zahlreiche Kiefernwälder und Moorflächen gibt. Letztere sind insbesondere in der Südheide zu finden. Das Pietzmoor ist das größte aktive unter ihnen und ein absolutes Muss für jeden Naturliebhaber. Schließlich präsentiert es sich zu jeder Jahreszeit in einem unterschiedlichen Gewand – das jedes für sich sehr reizvoll anzusehen ist.

Vor rund 8.000 Jahren, so schätzt man, ist das Pietzmoor entstanden, als sich verschiedene Torfmoosarten in einer wasserreichen Mulde mit saurem Untergrund ansiedelten und sie immer stärker bewucherten. Gemeinsam mit Wollgras- und Seggenbewuchs hat sich so das Hochmoor entwickelt. Wie viele Moorflächen wurde auch das Pietzmoor über Jahrhunderte als Torfabbaugebiet genutzt, um Dünger und Brennmaterial zu gewinnen. Dadurch büßte es an Umfang und Mächtigkeit ein. Doch glücklicherweise wurde es schon in den 1970er Jahren unter Schutz gestellt – schon ein Jahrzehnt nachdem die landwirtschaftliche Nutzung des Moores eingestellt wurde. Heute erstreckt es sich über die eindrucksvolle Fläche von 2,5 Quadratkilometern und mit einer Torfmächtigkeit von bis zu 7,5 Metern.

Ein Wanderweg auf Holzbohlen führt Besucher auf rund fünf Kilometern durch das Moor. So bleiben die Schuhe sauber, und man kann sich nicht verlaufen – also auch gut für Familien mit Kindern geeignet. Aber nur, wenn sie die komplette Wegstrecke schaffen, denn eine Abkürzung gibt es nicht. Dann aber können sie das lustig blühende Wollgras im Frühjahr oder die Eidechsen und Kreuzottern, die sich meist im Sommer zeigen, erleben. Herbstnebel, winterlicher Raureif oder gar Schneefall sorgen jeweils für eine ganz besondere Atmosphäre im Moor.

Adresse Heberer Straße, gegenüber von Hausnummer 100, 29640 Schneverdingen | **Anfahrt** A 7 bis Abfahrt 43a (bei Bispingen), B 3 Richtung Schneverdingen, im zweiten Kreisel dritte Ausfahrt auf Scharrler Straße, im nächsten Kreisel zweite Ausfahrt auf Schneverdinger Straße, weiter auf Heberer Straße, rechts liegt ein großer Parkplatz am Eingang zum Moor | **Tipp** Nach der Wanderung durch das Pietzmoor kann man sich im Restaurant – im Sommer auch auf der schönen Terrasse – des »Schäferhofs« stärken (Heberer Straße 100).

82__Die fleißigen Waldarbeiter

Von Ameisen und anderen Baumeistern

Sie gehören zu den kleinsten Lebewesen im Tierreich und sind in vielerlei Hinsicht doch die Größten unter ihnen: die Ameisen. Schließlich existieren sie seit 90 Millionen Jahren und haben sich mit ihren 12.000 verschiedenen Arten in allen Teilen der Erde erfolgreich durchgesetzt. Sie verfügen über gigantische Kräfte und können ein Vielfaches ihres eigenen Körpergewichts mühelos tragen. Außerdem beeinflussen Ameisenvölker ihre Umwelt sehr intensiv: Sie dienen anderen Tieren als Nahrung, sie verbreiten Pflanzensamen, und sie lockern mit ihren unterirdischen Gängen den Waldboden auf. Dabei halten sie auch noch ihre Wohnumgebung sauber, indem sie tote Tiere abtransportieren und Schädlinge fressen. All dies macht sie für das natürliche Gleichgewicht ihres Lebensumfelds sehr bedeutsam. Und das nicht nur im Wald, sondern beispielsweise auch auf Heideflächen.

Einen anschaulichen und spannenden Einblick in die Welt der kleinen Krabbler bekommt man im Walderlebniszentrum Ehrhorn. In Kooperation mit dem Deutschen Ameisen-Erlebnis-Zentrum wurde eine Erlebnisausstellung eingerichtet, in deren Außenbereich man das größte »Ameisengehege« Norddeutschlands findet. Hier kann man den kleinen Waldbewohnern ganz nahe kommen und ihre Bauweise bewundern. Im Ausstellungshaus sind neben verschiedenen Ameisenbauten auch die architektonischen Meisterleistungen anderer Insekten, wie die von Spinnen, Bienen, Wespen, Käfern oder Ameisenlöwen, erlebbar.

Für Gruppen – vom Kindergarten- bis zum Jugendalter – gibt es angepasste Exkursions- und Führungsangebote zum Thema. Schließlich hat das Walderlebniszentrum Ehrhorn einen pädagogischen Auftrag, den es auch zum Thema Wald, Waldnutzung und Naturschutz erfüllt. Schulklassen können sich hier sogar für mehrtägige Exkursionen einquartieren und so das Klassenzimmer für einige Zeit ins Grüne verlagern.

Adresse Ehrhorn 1, 29640 Schneverdingen-Ehrhorn | **Anfahrt** A 7 bis Abfahrt Bispingen, Richtung Behringen, der Straße bis zum Walderlebniszentrum Ehrhorn folgen | **Öffnungszeiten** Mitte Mai–Mitte Okt. Sa, So 11–17 Uhr; Veranstaltungen gemäß Website www.ameisenzentrum.de oder www.ehrhorn-heide.de | **Tipp** Vom Erlebniszentrum aus sollte man einen Rundgang durch den Naturwald unternehmen, der auf einer Dünenfläche entstanden ist. Er ist streng geschützt, wird in keinerlei Weise durch den Menschen bewirtschaftet oder genutzt und darf nur auf den gekennzeichneten Wegen erkundet werden.

83 Hof Tütsberg

Ein Ort zum Lernen und Genießen

Mitten im Naturschutzgebiet der Lüneburger Heide liegt Hof Tütsberg, ein Bauernhof aus dem 16. Jahrhundert. 1928 übernahm der Verein Naturschutzpark e. V. die Anlage und richtete dort einen Landschaftspflegehof ein. Ziel ist es seither, auf dem Hof Landwirtschaft und Naturschutz in Einklang zu bringen. So ist der landwirtschaftliche Betrieb im Jahr 1999 auf ökologischen Landbau umgestellt worden. Als Demonstrationsbetrieb im entsprechenden Bundesprogramm zeigt er Interessierten auf dem Hof, wie Ökolandbau in der Praxis aussieht.

Der Anbau auf den erwerbsmäßig bewirtschafteten Äckern erfolgt möglichst umweltschonend. Daneben wird eine Fläche zur Demonstration der historischen Heidebauernwirtschaft genutzt, die sich durch eine zehnjährige Fruchtfolge auszeichnet. Auf mehr als 4.000 Hektar Heidefläche und über 400 Hektar Grünland weiden rund 4.500 Heidschnucken, 200 Ziegen, 45 Rinder und zwölf Pferde. Dabei werden die Schafe und Ziegen nachts in die Ställe getrieben. Ihr Stalldung wird, wie es früher in der Heide üblich war, als Bio-Dünger für die Ackerflächen genutzt. Besucher können sich über die umweltschonenden landwirtschaftlichen Methoden bei einem Rundgang über die zum Hof gehörenden Flächen informieren. 13 interaktive Tafeln und zwei Audiostationen bilden die »Tütsberger Erlebnispunkte«, die sowohl auf die historische Heidebauernwirtschaft als auch auf den aktuellen ökologischen Landbau eingehen.

Nachdem die Besucher sich über die Betriebsweise des Hofs schlaugemacht haben, lädt das Restaurant des »Hotel Hof Tütsberg« ein. Es ist in das Niedersachsenhaus aus dem 19. Jahrhundert, das zum Hof gehört, eingezogen. Dort, wo vor 100 Jahren noch der Rinderstall war, ist nun die Hotelküche untergebracht, in der aus den hofeigenen Erzeugnissen regionale Spezialitäten gezaubert werden. Und Hotelgäste genießen den Service, sogar ihr eigenes Pferd mitbringen zu können.

Adresse Hof Tütsberg, 29640 Schneverdingen-Heber | **Anfahrt** A 7 bis Abfahrt 43a (bei Bispingen), B 3 Richtung Schneverdingen, im ersten Kreisel zweite Ausfahrt zum Hof Tütsberg nehmen | **Öffnungszeiten** Außengelände mit Erlebnispunkten frei zugänglich, Zeiten für Hofbesuche und Veranstaltungstermine auf der Website des Vereins Naturschutzpark (www.verein-naturschutzpark.de); Hotel-Restaurant: www.hotel-hof-tuetsberg.de | **Tipp** Nur wenige Autominuten entfernt liegt der Brunausee im Bispinger Ortsteil Behringen. Hier kann man baden, Tretboot fahren, spazieren gehen und angeln.

84__Die HöhenwegArena

Ein Muss für alle, die hoch hinauswollen

Was macht man aus einer Panzerwaschanlage, die nicht mehr benötigt wird, weil der zugehörige Truppenübungsplatz aufgegeben wurde? Einen Kletterpark. Klingt zwar etwas verrückt, aber genauso wurde es in Schneverdingen umgesetzt. Camp Reinsehlen bei Schneverdingen diente bis Mitte der 1990er Jahre als Panzerübungsplatz für britische und kanadische Truppen. 1980 wurde hierfür noch die Panzerwaschanlage errichtet, die 14 Jahre später nicht mehr benötigt wurde.

Nach Jahren des Brachliegens eröffnete 2011 an genau dieser Stelle die HöhenwegArena, ein Kletterpark, der 2013 nochmals erweitert wurde. Mit seinen insgesamt 180 Aufgaben und mehreren Seilbahnen auf sechs Ebenen in bis zu 30 Meter Höhe ist er einer der größten Parks dieser Art in Europa. Egal, ob Anfänger oder Geübter, Kleinkind oder Senior – dank unterschiedlicher Schwierigkeitsgrade der Aufgaben ist es jedem möglich, hier zu klettern. Dabei sind die Kletterer zwar permanent gesichert, jedoch an keinen festen Parcours gebunden und können jederzeit aussteigen, wenn sie möchten. Erfahrene Betreuer stehen den Kletterern zur Seite, und das Sicherungssystem schützt zuverlässig vor Abstürzen. Wer sich nicht in die Seile wagt, der kann von einer 100 Quadratmeter großen Aussichtsplattform in acht Meter Höhe zuschauen.

Prinzipiell kann ein solcher Kletterparcours überall entstehen, aber in Schneverdingen hat man sich die Gegebenheiten der ehemaligen Panzerwaschanlage zunutze gemacht und ein paar Besonderheiten integriert. Die ehemalige Zufahrtsrampe für die Panzer zum Wasserbecken wurde zum Sandstrand umfunktioniert, an dem es sich nach dem Klettern herrlich entspannen lässt. Auf dem Wasser kann man Tretboot fahren oder sich im Stand-up-Paddling versuchen. Besonderes Highlight ist die Adrenalin-Seilbahn, die die beiden Klettertürme in rund 30 Meter Höhe miteinander verbindet. Nichts für schwache Nerven!

Adresse Camp Reinsehlen 20, 29640 Schneverdingen-Insel, www.hoehenwegarena.de | **Anfahrt** A 7 bis Abfahrt 43a (bei Bispingen), B 3 Richtung Schneverdingen, auf B 3 bleiben, links zum Camp Reinsehlen abbiegen | **Öffnungszeiten** Mitte März – Okt. Mo – Fr ab 14 Uhr, Sa, So und Feiertage ab 10 Uhr bis zum Einbruch der Dunkelheit | **Tipp** Im Camp Reinsehlen befindet sich ein Hotel. Hier kann man absolute Ruhe und weite Blicke über die flache Sandmagerrasenfläche, die unter Naturschutz steht, genießen.

85 Das Pult- und Federkielmuseum

Schulmuseum am Originalort

Das schöne Backsteinhaus inmitten des Dörfchens Insel war 300 Jahre lang der Mittelpunkt des Dorflebens. Hier befand sich nämlich die Volksschule. 1995, als Insel schon lange zur Stadt Schneverdingen gehörte, wurde der Schulbetrieb eingestellt. Die Bewohner fanden jedoch schnell eine passende Nachnutzung für das Gebäude: Es dient heute als Museum. Hinter dem Namen »Pult- und Federkielmuseum« verbirgt sich inhaltlich viel mehr als eine Ausstellung von Schreibgeräten und -möbeln: Es ist ein Schul- und in gewisser Weise auch ein heimatkundliches Museum – wie passend für diesen Ort.

Beim Betreten des historischen Klassenzimmers schwelgt die Generation der Senioren in Nostalgie, während die Kinder staunen. Alte Schulbänke, Tornister aus Leder, Tintenfässer und Federhalterrillen, Schiefertafeln und ein Ofen, der seinerzeit mit Torf beheizt wurde. So vieles, das heute nicht mehr bekannt ist und den Kindern verdeutlicht, wie es in der Schule früher ausgesehen hat und wie der Unterricht damals ablief. Auch die weniger schönen antiquierten Lehrmittel wurden nicht vergessen, wie beispielsweise der Rohrstock. Schließlich soll das Museum ein authentisches Bild eines Klassenzimmers aus dem beginnenden 20. Jahrhundert liefern.

Die weiteren Räume stehen dem Heimatbund zur Nutzung als Archiv und für thematisch passende Wechselausstellungen zur Verfügung. In einem Zimmer werden der literarische Nachlass und einige persönliche Dinge der 1864 in Insel geborenen Heidedichterin Marie Kupfer ausgestellt. Schautafeln informieren über ihr Leben und Wirken – und verraten dabei noch etwas über die früheren Gepflogenheiten im Schulbetrieb: Der Lehrer, der damals noch alle Fächer und alle Schüler gemeinsam unterrichtete, lebte mit seiner Familie im Schulhaus. So wohnte auch Marie Kupfer, die die Tochter des damaligen Lehrers Friedrich Wilhelm Menken war, im Schulhaus.

Adresse Reinsehlener Weg 2, 29640 Schneverdingen-Insel, www.heimatbund-schneverdingen.de | **Anfahrt** A 7 bis Abfahrt 43a (bei Bispingen), B 3 Richtung Schneverdingen, auf B 3 bleiben, links Richtung Schneverdingen, weiter auf Alte Landstraße, rechts nach Reinsehlen abbiegen, links nach Insel, das Museum liegt direkt an der Straße | **Öffnungszeiten** Mai–Mitte Okt. Di, Mi, Sa und So 14–17 Uhr | **Tipp** Ein ganz anderer Unterrichtsraum befindet sich nahe dem Heidegarten am Höpen. Dort ist das Waldklassenzimmer, wo unter freiem Himmel unterrichtet werden kann.

86 Harrys klingendes Museum

Hier fangen die Ohren an zu staunen

Wie wurde im 19. Jahrhundert – bevor es in den Haushalten Grammofone und Radios gab – Musik gehört? Mit einer Spieldose oder einem Musikautomaten. Andere Möglichkeiten, Musik zu konservieren, gab es nämlich vor der Erfindung der Schallplatte kaum. Daher spielten die mechanischen Spieldosen und Drehorgeln oftmals bekannte Musikstücke oder Kompositionen, die speziell für diesen Zweck kreiert wurden. In Gastwirtschaften oder Hotelhallen standen oftmals auch sogenannte Orchestrien – Musikautomaten, die sogar ein ganzes Orchester imitierten und dadurch Symphonien und Opern spielen konnten.

Welche unterschiedlichen Musikautomaten es gab und wie diese funktionierten, kann man in einem Privatmuseum in Schwarmstedt erfahren. »Harrys klingendes Museum« hat der Sammler Harry Natuschka seine Ausstellung getauft. Und genau das erwartet die Besucher im Erdgeschoss seines Hauses. Die Ausstellung kann nach Anfrage von fünf bis 25 Personen besucht werden. Dann ist der Museumsinhaber vor Ort, führt die Gerätschaften vor und erklärt sie. Denn Harry Natuschka kennt sich aus. Er sammelt keine funktionsfähigen Musikautomaten – das wäre auf Dauer viel zu teuer. Er kauft Geräte an, die wieder instand gesetzt werden müssen, und restauriert sie selbst. So konnte er in den letzten Jahrzehnten über 90 Geräte zusammentragen, die er seit 1999 auch der Öffentlichkeit vorführt.

Die Sammlung bietet aber nicht nur etwas für die Ohren, sondern auch für die Augen. Zum Beispiel die Walzenspieldose, die nicht nur Musik spielt, sondern auch einen Artisten aus dem 19. Jahrhundert einen einhändigen Handstand auf einer Leiter vollführen lässt. Die Sammlung spiegelt nicht nur die private Leidenschaft von Harry Natuschka wider, sondern auch ein kulturelles Erbe aus dem 19. und frühen 20. Jahrhundert.

Adresse Neustädter Straße 25, 29690 Schwarmstedt | Anfahrt A 7 bis Abfahrt Schwarmstedt, B 214 nach Schwarmstedt, links auf Kirchstraße, links auf Hauptstraße, weiter auf Neustädter Straße | Öffnungszeiten nach Vereinbarung unter Tel. 05071/912941 | Tipp Von Schwarmstedt aus lohnt sich eine Fahrradtour in die umliegenden Ortsteile. Hier gibt es unter anderem das Schloss Bothmer, das Rittergut in Gilten, das Rittergut von Lenthe, die Amtsvogtei in Essel, die Bothmer Mühle sowie das historische Backhaus in Bothmer zu entdecken.

87 Das Arboretum

Ein Garten als Lebenswerk

Der Begriff Arboretum leitet sich vom lateinischen arbor – der Baum – ab und steht für eine Sammlung verschiedenartiger Gehölze, sprich Bäume und Sträucher. Eine solche Sammlung legte Christa von Winning in ihrem Garten an. Ausgangspunkt dafür war der Garten, den sie als Flüchtling nach dem Zweiten Weltkrieg zugeteilt bekam und später erwerben konnte. Der wurde zunächst als Nutzgarten bepflanzt, um das Gemüse auf dem Wochenmarkt in Uelzen zu verkaufen. Später konzentrierte sich die ausgebildete Gärtnerin auf das Anpflanzen von Stauden. Mit ihren schönen Blumensträußen und Gestecken wurde sie über die Grenzen Uelzens hinaus bekannt. Drei Reihen von Buchsbäumen symbolisieren den ursprünglichen Nutzgarten.

Den sogenannten Erinnerungsgarten widmete Christa von Winning ihrer Heimat, der Mark Brandenburg, aus der sie 1945 geflüchtet war. Bis zur Grenzschließung brachte sie Pflanzen aus dem elterlichen Garten mit, der vielmehr ein Park war, denn ihre Eltern waren vor dem Krieg sehr vermögend. Ab 1968 reiste sie zu Gärten auf der ganzen Welt und brachte auch von dort jedes Mal Setzlinge oder zumindest Samen für ihr 1,7 Hektar großes Areal mit. So entstand der dritte Teil des Arboretums, der Sammlergarten, mit seiner außergewöhnlichen Vielfalt und Mischung von Gehölzen.

Rund 800 Pflanzen sind im Laufe von fünf Jahrzehnten zusammengekommen, bis Christa von Winning ihren Garten an einen Förderverein übergab, zu dem später eine Stiftung hinzukam. Ehrenamtliche Helfer kümmern sich um die Pflege des Geländes und seine Öffnung für Besucher. Als finanzielle Stütze werden die Besucher im eigenen Café verköstigt und können im Arboretum gezüchtete Pflanzen sowie Marmeladen aus den hier geernteten Früchten erwerben. Ein wahrhaft gelungenes Konzept, das die Hausherrin, bevor sie 2012 im Alter von 100 Jahren verstarb, glücklicherweise noch miterleben konnte.

Adresse Wittenwater Weg 23, 29593 Schwienau-Melzingen, www.arboretum-melzingen.de | **Anfahrt** A 7 bis Abfahrt Soltau-Ost, B 71 Richtung Uelzen, links nach Schwienau, weiter Richtung Wittenwater, rechts nach Melzingen | **Öffnungszeiten** März–Okt. Di–So 14–18 Uhr | **Tipp** Zur Erdbeersaison sollte man unbedingt auf dem Rittergut Melzingen vorbeischauen (Im Dorfe 1). Dann kann man die roten Köstlichkeiten direkt auf dem Hof erwerben.

88_Breidings Garten

Wunderschön und geheimnisvoll

Wie ein verwunschenes Kleinod wirkt die leicht verwilderte Parkanlage mit ihrer imposanten Villa, den Wasserflächen, der Burgruine und den üppigen Rhododendren. Sie wurde 1850 vom Unternehmer August Röders nach dem Vorbild englischer Landschaftsparks in einer Flussniederung der Böhme angelegt. Röders war Gründer der Soltauer Firma Carl Breiding & Sohn, die er nach seinem Stiefvater benannte und die unter anderem in der Herstellung von Bettfedern sehr erfolgreich war. Auf zwölf Hektar ließ er sich seinen Garten mit Bäumen, Sträuchern, Teichen, Wegen und einem kleinen Landsitz gestalten. Das Landhaus im italienischen Stil wurde mehrfach umgebaut und erweitert.

Durch die Lage am Fluss waren und sind die Böden sehr feucht, sodass sich im Park nicht nur Moorflächen mit dafür typischem Erlenbruchwald wiederfinden, sondern auch Zier- und Fischteiche angelegt wurden. Am Rand des großen Teiches steht eine künstliche Burgruine – heute ist sie nur noch in Resten erhalten und dient als Wasserspeicher für den Springbrunnen und die Bewässerung des Parks.

Mehrere Bomben setzten der Anlage im Zweiten Weltkrieg stark zu, genauso wie ein Orkan 1972. Mit der Insolvenz von Carl Breiding & Sohn im Jahr 2005 schien auch das Ende des »Großen Gartens« gekommen zu sein. Er verwilderte zunehmend, und Investoren standen bereit, um einen Teil der Fläche, die äußerst attraktiv und zentrumsnah gelegen ist, in Bauland zu verwandeln. Doch das gelang nicht. Schließlich war der Garten wegen seiner besonderen Vielfalt und den entstandenen Biotopen bereits in den 1980er Jahren unter Schutz gestellt worden. Außerdem wollten die Bürger Soltaus nicht auf dieses schöne Stück Natur verzichten und gründeten einen Verein, der sich seither um den Erhalt der Anlage kümmert. Unterstützt wird er durch eine Stiftung, welche die Stadt, eine Bank sowie zwei Nachfahren August Röders' gegründet haben.

Adresse Breidingsgarten 5, 29614 Soltau, www.breidings-garten.de | **Anfahrt** A 7 bis Abfahrt Soltau-Ost, B 71 nach Soltau, links auf Freudenthalstraße, rechts auf Böhmheide, links auf Charlottenstraße, weiter auf Weinligstraße und Beethovenstraße, rechts auf Breidingsgarten | **Öffnungszeiten** öffentlich zugänglich | **Tipp** Nach einem ausgiebigen Spaziergang im Park entspannt man sich am besten in der Soltau Therme, die sogar über ein eigenes Gradierwerk im Ruheraum verfügt (Mühlenweg 17).

89_Dingley Hall

Der etwas andere Jungentraum

Dingley Hall ist ein Gutshaus aus dem 16. Jahrhundert im britischen Northamptonshire. Dingley Hall ist zugleich aber auch ein herrschaftliches Haus in Soltau. Es verfügt über 15 Zimmer und ist mit über 1.000 exklusiven Einrichtungsgegenständen ausgestattet. Wohnen können seine Besitzer aber trotzdem nicht darin, denn es misst nur zwei mal drei Meter. Dingley Hall in Soltau ist nämlich ein Puppenhaus.

Das Miniatur-Herrenhaus Dingley Hall stammt aus dem Besitz der wohlhabenden Bankiersfamilie Currie, deren Söhne Isaac und Laurence ab 1875 Stück für Stück ein Bücherregal in ein herrschaftliches Anwesen umgestalteten. Die beiden Jungen begannen zunächst damit, Regalfächer mit kleinen Möbeln und Bildern zu dekorieren. Ein Anbau erweiterte Dingley Hall auf nun 15 Zimmer. Jeder Raum bekam einen Namen und wurde nach den sehr konkreten Vorstellungen der beiden Erbauer mit Liebe zum Detail geplant und dann eingerichtet. Und da die Familie viel auf Reisen war, stammen die Einrichtungsgegenstände aus ganz Europa. Es gibt beispielsweise eine Sitzgruppe mit Seidenpolstern aus Paris oder sogar einen Murano-Kronleuchter aus Venedig.

So schufen Laurence und Isaac mit Dingley Hall ein Zuhause für 52 Puppen, viele der männlichen standesgemäß in Uniform. Dass es sich hier nicht nur um eine Spielerei handelte, sondern es auch darum ging, dem Leben der Erwachsenen nachzueifern, zeigt die Inventarliste samt Kosten für die einzelnen Räume sowie die vom Vater und Großvater übernommene Leidenschaft für das Kunstsammeln. Die Interessen der Mutter sind durch die Puppenhauskapelle vertreten. Sie war im vorwiegend anglikanischen England zum katholischen Glauben konvertiert und hatte sich auf ihren Landsitzen ebenfalls Privatkapellen errichten lassen. Die Stiftung Spiel konnte das Puppenhaus bei einer Auktion 2003 bei Christie's in London für 190.000 Euro für ihre auch schon zuvor hochkarätige Sammlung ersteigern.

Adresse Poststraße 7 und 15, 29614 Soltau, www.spielmuseum-soltau.de | **Anfahrt** A 7 bis Abfahrt Soltau-Ost, B 71 nach Soltau, das Spielmuseum liegt links an der Straße | **Öffnungszeiten** täglich 10–18 Uhr | **Tipp** Bei einer Reise mit Kindern darf ein Besuch im Heide Park Soltau mit seinen Fahrattraktionen natürlich nicht fehlen (www.heide-park.de).

90 Fahrt mit dem Ameisenbären

Nostalgiefahrt nach Döhle

Die einzigartige Heidelandschaft lässt sich auf vielfältige Weise erkunden. Man kann sich zu Fuß, mit dem Rad oder aber auch in der Pferdekutsche auf den Weg durch die lilafarbene Blütenpracht machen. Ein Erlebnis der anderen Art ist die Fahrt mit dem »Ameisenbären«, einem historischen Eisenbahnwagen. Ein Blick auf die Schnauze des rot-weißen Gefährts genügt, und die ungewöhnliche Namensgebung für den dieselbetriebenen Triebwagen erklärt sich von selbst. Als der Schienenbus 1937 in Betrieb gestellt wurde, wurde er noch von zwei Benzinmotoren angetrieben – einer zum Vorwärtsfahren, einer für rückwärts. Erst später wurde er umgebaut.

Die Waggonfabrik Wismar, die auf den Bau von Straßenbahnen und Triebwagen spezialisiert war, entwickelte auch den VT 508, wie der Ameisenbär offiziell heißt. Er gehört einer Baureihe des Typs »Hannover« an, der auch Wismarer Schienenbus genannt wurde. Gemeinsam mit drei weiteren Fahrzeugen beförderte er seinerzeit die Passagiere der Kleinbahn Winsen-Evendorf-Hützel GmbH. Von Winsen aus war dann die Weiterfahrt nach Hamburg oder Lüneburg möglich.

57 dieser Schienenbusse wurden in den 1930er Jahren gebaut. Heute noch erhalten ist nur ein knappes Dutzend, von denen die meisten betriebsfähig sind. Einer davon ist der Ameisenbär, der nun als Museumsfahrzeug für die Osthannoversche Eisenbahnen AG fungiert, die im Bereich Güter- und Personennahverkehr aktiv ist. Gemütlich, mit noch nicht einmal 50 Kilometern pro Stunde, zuckelt der Oldtimer durch die Natur. Gut 70 Personen können mit ihm an den Sonntagen im Sommerhalbjahr von Soltau über Luhegrund und Bispingen bis nach Döhle fahren. Wer möchte, kann auch sein Fahrrad neben die Schnauze spannen lassen und den knapp 30 Kilometer langen Rückweg aus eigener Kraft bestreiten. Gleichwohl kann man die drei Stunden Aufenthalt nutzen, um das Heidedorf und die Umgebung zu erkunden.

Adresse Am Bahnhof, 29614 Soltau | **Anfahrt** A 7 bis Abfahrt Soltau-Ost, B 71 nach Soltau, links auf Bahnhofstraße, bis zum Bahnhof fahren | **Öffnungszeiten** Fahrplanauskünfte und Infos zu Sonderfahrten bei der Soltau-Touristik unter Tel. 05191/828283 | **Tipp** In Döhle lohnt sich eine Einkehr im Heide-Landhaus (Dorfstraße 44), um sich bei leckeren Torten zu stärken. Im Sommer kann man entspannt im Biergarten verweilen.

91__felto – Filzwelt Soltau

Filz ist nicht gleich Filz

Am 1. August 2015 wurde in Soltau ein neues Bildungs- und Erlebniszentrum eröffnet, das sich ausschließlich mit dem Thema Filz befasst. Dass eine solche Ausstellung ausgerechnet in Soltau und dann auch noch an einem äußerst attraktiven Standort in der Fußgängerzone sowie in einem schönen historischen Industrie-Backsteinbau eingerichtet wurde, ist kein Zufall. Schließlich hat die Produktion von Filz in der Heidestadt eine mehr als 150 Jahre lange Tradition. 1851 begann eine Abteilung der bekannten Soltauer Firma Carl Breiding & Sohn damit, Wollfilz zu produzieren. Später ging daraus die Wollfilzfabrik Gebr. Röders AG hervor. Sie hat das eindrucksvolle Gebäude, in dem jetzt die Filzwelt-Ausstellung felto untergebracht ist, zuletzt als Archiv und Lager genutzt.

Heute kann man auf fünf Etagen – alle barrierefrei zu erreichen – über 1.500 Quadratmeter Ausstellungsfläche wandeln und die Vielfältigkeit des Materials erleben. Schließlich ist Filz ein echter Alleskönner. Je nachdem, ob ganz natürlich aus Schurwolle zu Wollfilz gewalkt oder aus Chemiefasern zu Nadelfilz verarbeitet, bieten sich die unterschiedlichsten Einsatzmöglichkeiten. Von Wohnaccessoires und Kleidung über Spiel- und Bastelwaren bis hin zu Gasfiltern oder Dichtungen. Dementsprechend spricht die außergewöhnliche Ausstellung die unterschiedlichsten Besuchergruppen an. Die ganz kleinen Gäste finden Spielbereiche aus Filz, größere Kinder und Jugendliche können spannende Experimentierstationen ausprobieren, und die Erwachsenen finden eine interessante technische Einführung in die Produktion und Verwendung von Filz. Außerdem wird auch der geschichtliche Bezug der Filzproduktion zum Standort Soltau erläutert.

Nach Besichtigung der wirklich gelungenen Ausstellung kann man im Erdgeschoss auch Filzprodukte für zu Hause erwerben oder auf dem Dach einen schönen Rundumblick über die Soltauer Altstadt genießen.

Adresse Marktstraße 19, 29614 Soltau, www.filzwelt-soltau.de | **Anfahrt** A 7 bis Abfahrt Soltau-Ost, B 71 nach Soltau, links auf Wilhelmstraße, zu Fuß über Timmermanngang auf Marktstraße | **Öffnungszeiten** täglich 10–18 Uhr | **Tipp** Im Soltauer Ortsteil Dannhorn gibt es eine Chili-Manufaktur mit Hofladen (www.die-chili-manufaktur.de). Die scharfen Pflanzen, die zu Aufstrichen und anderen Spezialitäten verarbeitet werden, stammen aus eigenem Anbau.

92 St. Remigius

Pittoreskes Pilgerziel

Der Suderburger Kirchturm ziert das Wappen der Gemeinde Suderburg. Und das nicht nur, weil der Feldsteinbau eines der ältesten Bauwerke des Landkreises ist, sondern auch, weil er dem Ort seinen Namen gegeben hat. Der heutige Kirchturm war nämlich einst Teil einer Burganlage – der Suderburg. Sie wurde im Jahr 1004 erstmals erwähnt, bestand jedoch vermutlich schon früher. Die Burg wurde im späten 12. oder 13. Jahrhundert als Befestigungsanlage aufgegeben und zum Kirchturm umgewidmet. Im Inneren wurde ein hölzerner, frei stehender Glockenturm eingebaut. Der Rest der Burganlage ist heute nicht mehr erhalten. Das Kirchenschiff aus Holzfachwerk und Backstein stammt von 1753. Es wurde als Nachfolgebau der baufälligen Feldsteinkirche errichtet. Vermutlich gab es davor noch weitere Vorgänger – die erste dürfte eine einfache Holzkirche, die als Burgkapelle gedient hat, gewesen sein. Zu diesen ersten Kirchengebäuden gibt es jedoch nur Mutmaßungen, da keine Berichte darüber oder Funde erhalten sind.

St. Remigius ist aber nicht nur wegen seiner außergewöhnlichen Architektur mit dem Glockenturm aus Feldsteinen, der auch optisch als ehemaliger Wehrturm erkannt werden kann, einen Besuch wert. Auch die Lage auf einer kleinen Wiese am Ortsrand von Suderburg, umgeben von wenigen Häusern und Feldern, machen die Kirche zu einem schönen Ausgangspunkt für einen Spaziergang. Im Inneren präsentiert sich die kleine Kirche relativ schlicht und hell gestaltet. Der Kanzelaltar aus dem Barock ist noch original erhalten und in Weiß mit Goldverzierungen gestaltet.

St. Remigius ist auch das Ziel von Wanderern und Pilgern, denn die Kirche liegt an der Via Scandinavica. Dieser Jakobsweg verbindet die skandinavischen Länder mit den mitteldeutschen Wegen. Über 560 Kilometer führt die Route von Fehmarn über Lübeck und Lüneburg mitten durch die Heide bis nach Göttingen und über weitere nicht ganz so gut ausgebaute 110 Kilometer bis Eisenach.

Adresse An der Kirche, 29556 Suderburg, www.st-remigius-suderburg.de | **Anfahrt** A 7 bis Abfahrt Soltau-Ost, B 71 Richtung Uelzen, bei Eimke rechts nach Dreilingen, links nach Suderburg, im Ortskern links auf Hauptstraße, rechts auf Burgstraße, rechts auf Im Hussen | **Öffnungszeiten** April – Okt. täglich 10 – 18 Uhr | **Tipp** Einen schönen Blick über Suderburg und die Umgebung hat man aus 32 Meter Höhe vom Aussichtsturm, der sich zwischen Hösseringen und Räber befindet.

93__Der Landtagsplatz

Ein wahrhaft geschichtsträchtiger Fleck

Sie sind so charakteristisch für die Region und dennoch vielerorts aus dem Landschaftsbild verschwunden – die niederdeutschen Fachwerkhäuser. Es gibt aber einen Ort, an dem einige der schönsten Exemplare mit dem obligatorischen Pferdekopfgiebel gerettet werden: das Museumsdorf Hösseringen. Auf die 10 Hektar große Anlage wurden bereits 27 historische Bauten umgesiedelt – vom imposanten Hallenhaus bis zum Plumpsklo ist alles dabei. Auf diese Weise ist ein kleines Dorf entstanden, in dem die Baugeschichte und Lebensweise in der Lüneburger Heide von 1600 bis 1950 erlebbar ist.

Direkt neben dem Museumsdorf liegt jedoch ein Ort, der an einen weit älteren, aber auch einen weit jüngeren Teil der regionalen Geschichte erinnert. Es ist der sogenannte Landtagsplatz, auf dem von 1532 bis 1652 die Landtage des einstigen Fürstentums Lüneburg abgehalten worden sein sollen. Genau beweisen lässt sich das nicht. Es ist jedoch das Ergebnis von historischen Nachforschungen aus dem 19. Jahrhundert, die diesen Platz als denjenigen lokalisierten, an dem seinerzeit 80 Landtage unter freiem Himmel stattgefunden haben sollen.

Wenn man auf dem Platz steht, mag man sich vorstellen, wie damals die in den Rat gesandten Vertreter auf den kreisförmig angeordneten Findlingen Platz genommen haben. Doch weit gefehlt. Die Steine wurden erst viel später an diese Stelle geschafft. Sie sind dem Germanenkult der Nationalsozialisten geschuldet, die einer weiteren Theorie Glauben schenkten, wonach bereits germanische Stämme an diesem Ort Versammlungen abhielten. Sie wollten diese Stelle zur Versammlung der Bauernräte wiederbeleben und brachten 1936 aus jedem Dorf einen beschrifteten Stein auf den Landtagsplatz.

Nach Kriegsende wurde der Platz nicht, wie zunächst geplant, eingeebnet, sondern entnazifiziert. So bleibt er als Denkmal dieser sehr unterschiedlichen Epochen erhalten und ergänzt das Museumsdorf.

Adresse Am Landtagsplatz 1, 29556 Suderburg-Hösseringen | **Anfahrt** A 7 bis Abfahrt Soltau-Ost, B 71 Richtung Uelzen, bei Eimke rechts nach Dreilingen, links nach Suderburg, im Ortskern rechts auf Hauptstraße, leicht links auf Hösseringer Straße, Straße bis zum Landtagsplatz mit Museumsdorf folgen | **Tipp** Vom Museumsdorf aus startet der Waldgeschichtspfad Schooten als Rundweg (durch orange Pfeile gekennzeichnet). Schautafeln informieren unter anderem über die Nutzung des Waldes durch den Menschen und deren Folgen.

94 Die Korbimkerei

Den Bienen verpflichtet

In der Steinzeit waren es noch »Honigjäger«, die sich auf die Suche nach hohlen Baumstämmen mit darin ansässigen Bienenvölkern machten, um ihnen ihre süße Kost zu rauben. Jahrtausende später war die Freude der Menschen am Honig ungebrochen, die Gewinnung des selbigen ging aber »kultivierter« vonstatten. In Deutschland entwickelte sich die Haltung der Bienen in geflochtenen Strohkörben zur beliebtesten Zuchtform. Der sogenannte Lüneburger Stülper verbreitete sich von der Heideregion aus nach ganz Norddeutschland und sogar bis in den angelsächsischen Raum hinein. Auch heute noch ziert der hübsch geformte Stülper das Logo des Deutschen Imkervereins und damit die meisten handwerklich befüllten Honiggläser.

Doch zurück in die Lüneburger Heide. Hier fand die Imkerei weite Verbreitung, da die ausgedehnten Heideflächen eine reichhaltige, fast sortenreine Blütenpracht aufwiesen und damit gute Erträge lieferten. Damit die Bienenkörbe vor Regen geschützt aufgestellt werden konnten, wurden als Unterstand sogenannte Bienenzäune errichtet, in denen einige Stülper Platz fanden. Da die Bienenvölker in den Körben nicht sonderlich groß werden konnten, erzeugten die Imker im Frühjahr durch Bienenschwärme viele neue Völker, die im Bienenzaun ebenfalls eine Behausung fanden.

Heute sind nur noch wenige dieser Bienenzäune in der Lüneburger Heide zu finden. Zum einen, weil die Imkerei im späten 19. Jahrhundert insgesamt zurückging – blütenreiche Heideflächen wurden vermehrt in landwirtschaftliche Nutzflächen umgewandelt. Zum anderen werden heutzutage meist die mobilen und praktikablen Magazinbeuten verwendet. Ein Ort, an dem man die traditionelle Imkerei nicht nur sehen, sondern auch bei einer Führung verstehen und verkosten kann, ist die Norddeutsche Korbimkerei im Hermannsburger Waldcafé. Hierhin lohnt ein Ausflug nicht nur wegen der Bienen, sondern auch wegen der leckeren hausgemachten Torten.

Adresse Backebergsmühle 4, 29320 Südheide-Hermannsburg, www.wald-cafe.de | **Anfahrt** A 7 bis Abfahrt Soltau-Süd, B 3 nach Bergen, links auf Bahnhofstraße, nach dem Ortsausgang an der Gabelung links ab, im Kreisel bei Baven zweite Ausfahrt, links Richtung Backebergsmühle, das Waldcafé befindet sich an der Ortsdurchfahrt links | **Öffnungszeiten** Mitte März–Ende Okt. täglich 14–18 Uhr, Führungen unter Tel. 05052/2306 buchbar | **Tipp** Das Hermannsburger Heimatmuseum kann auf eine über 100-jährige Geschichte zurückblicken (Harmsstraße 3a).

95 Das Ludwig-Harms-Haus

Wiege der Hermannsburger Mission

Als Ludwig Harms 1844 in den Pfarrdienst der kleinen Gemeinde Hermannsburg berufen wurde, ahnte niemand, dass damit der Grundstein für ein weltweit tätiges Missionswerk gelegt wurde. Harms, der Sohn eines Pastors war, hatte eine besondere Gabe: Er erzählte Geschichten so lebendig, dass er seine Zuhörer regelrecht in seinen Bann zog. Auch außerhalb der Gottesdienste versammelten sich die Dorfbewohner gern in der Diele des Pfarramts, wo sie Harms' heimatgeschichtlichen Erzählungen lauschten. Die Arbeit des Pfarrers zeichnete sich auch durch seine intensive seelsorgerische Tätigkeit mit vielen Hausbesuchen bei Armen und Kranken aus, was seinerzeit nicht selbstverständlich war.

All das führte zu einer Erweckungsbewegung, die von Hermannsburg bis nach Hamburg ausstrahlte. Harms gründete ein Missionsseminar, in das 1849 die ersten Studenten einzogen. Sie wurden von seinem Bruder Theodor unterrichtet. Unterstützt von der Kirchengemeinde und einem Freundeskreis konnte Harms sogar ein Missionsschiff, die »Candace«, bauen lassen. Er wollte damit Ostafrika ansteuern und die erste Missionsstation aufbauen. Tatsächlich wurde mit der Missionsarbeit in Südafrika begonnen. Später wurde sie bis nach Australien, Nordamerika, Neuseeland, Persien, Brasilien und Äthiopien ausgeweitet. Noch heute wird von Hermannsburg aus Missionsarbeit geleistet.

Als die Missionsgesellschaft 1977 in das neu gegründete evangelisch-lutherische Missionswerk Niedersachsen integriert wurde, wurde Hermannsburg zu dessen Sitz gewählt. Untergebracht ist es im Ludwig-Harms-Haus, wo schon vor über 160 Jahren die ersten Theologiestudenten für den Missionsdienst in Afrika ausgebildet wurden. Als offenes Haus empfängt es Besucher mit einer Ausstellung über die Missionsgeschichte, wechselnden Kunstausstellungen und Veranstaltungen, einem Café sowie Gästezimmern für Pilger, Radler und jedermann.

Adresse Harmsstraße 2, 29320 Südheide-Hermannsburg, www.ludwig-harms-haus.de | **Anfahrt** A 7 bis Abfahrt Soltau-Süd, B 3 Richtung Celle, in Bergen links Richtung Hermannsburg, an der Gabelung hinter Wohlde links halten, am Kreisel erste Ausfahrt nehmen, weiter auf Billingstraße, links auf Lotharstraße, links auf Harmsstraße | **Öffnungszeiten** Café Mo–Sa 11–20 Uhr, So 11–18 Uhr, Ausstellung Mo–So 9–18 Uhr | **Tipp** In Hermannsburg befinden sich mehrere evangelische Kirchengemeinden. Besonders eindrucksvoll ist die St.-Peter-und-Paul-Kirche (Billingstraße 17), die ihr heutiges Aussehen nach umfangreichen Umbauten in den 1950ern erhielt.

96 Der Waldbrand-Gedenkstein

Zehn verhängnisvolle Tage

Er gibt schon ein malerisches Bild ab, der ruhig daliegende Angelbecks Teich, umgeben von Heidefläche und Kiefernwäldern. Doch der Grund dafür, dass man heute hier so schön am See sitzen kann, war eine gewaltige Katastrophe: der größte Waldbrand in der Geschichte der Bundesrepublik. Ein Gedenkstein an seinem Ufer erinnert an jene tragischen Tage.

Es war im August 1975. Seit zwei Monaten hatte es nicht mehr geregnet. Die Temperaturen lagen bei konstanten 30 Grad. Als sich am 8. August nördlich von Gifhorn, nahe der Gemeinde Stüde, ein Flächenbrand entwickelte, dauerte es nicht lange, bis dieser außer Kontrolle geriet. An den folgenden zwei Tagen brachen weitere Brandherde in den Kreisen Celle und Gifhorn aus. Am 12. August ein weiterer bei Gorleben im Wendland. Die extrem trockenen und heißen Bedingungen und großflächige Kiefern-Monokulturen trugen zu einer sehr schnellen Ausbreitung der Flammen bei. Winde fachten das Feuer zusätzlich an. Wenn sie plötzlich drehten, gerieten die Feuerwehrleute unweigerlich in Gefahr. Viele Helfer wurden bei den Einsätzen verletzt. Fünf Feuerwehrleute wurden auf diese Weise von 20 Meter hohen Flammen eingeschlossen und getötet. Tausende Feuerwehrleute aus dem gesamten Bundesgebiet, Tausende Mann der Bundeswehr und viele weitere Einsatzkräfte weiterer Behörden und Hilfsorganisationen waren nötig, um den gigantischen Brand zu löschen. Insgesamt 8.000 Hektar Fläche waren zerstört worden.

So grausam, wie die Katastrophe war, so lehrreich war sie zugleich. Bei der Wiederaufforstung wurde auf befestigte Zufahrtswege für die Feuerwehr geachtet, und es wurden Löschwasserentnahmestellen an Wasserflächen angelegt. Angelbecks Teich wurde sogar eigens als Löschwasserteich angelegt. Die Fläche rundherum, die ebenfalls vom Brand betroffen war, wurde mit Heide und Kiefern bepflanzt.

Adresse 29320 Südheide-Oldendorf | **Anfahrt** A 7 bis Abfahrt Soltau-Süd, B 3 nach Bergen, links auf Bahnhofstraße, nach dem Ortsausgang an der Gabelung rechts ab, durch Dohnsen weiter nach Beckedorf, im Ort rechts, nach den Bahnschienen links auf Oldendorfer Straße, Oldendorf durchfahren Richtung Eschede, rechts zur Fuhrmanns-Schänke/Hof Severloh abbiegen, der Parkplatz befindet sich links | **Tipp** Die Misselhorner Heide und das Tiefental liegen gleich in der Nähe. Die Abfahrt zum Parkplatz liegt auf der anderen Seite der Landstraße, von der es auch zu Angelbecks Teich abgeht.

97__Der Lüßwald

Ein Wald voller Vielfalt

Nahezu 8.000 Hektar Fläche umfasst der Lüßwald, der Teil eines der größten zusammenhängenden Waldgebiete Deutschlands ist. Seine Waldstrukturen sind teilweise so alt, dass er oftmals auch als Urwald bezeichnet wird. Sogar zur Zeit der Heidebauernwirtschaft, als die Heideflächen wesentlich ausgedehnter waren und nur wenige Waldflächen in der Region zu finden waren, gab es diesen Wald. Schon im 13. Jahrhundert wurde das Gebiet des Lüßwalds als königlicher Jagdforst erwähnt. Und auf einer Karte von 1777 ist er als »Königliche Höltzung« eingezeichnet. Zu diesem Zeitpunkt wurde der Wald jedoch kaum noch durch den hannoverschen Kurfürsten, der zugleich als Georg III. König von Großbritannien war, genutzt. Das Jagdschloss Weyhausen, das der Celler Herzog Christian Ludwig aufgrund des Wildreichtums des Waldes Mitte des 17. Jahrhunderts hatte errichten lassen, wurde bereits 1775 abgerissen. Der Wald ist geblieben und mit ihm das Wild. Dazu gehören Rot- und Rehwild, aber auch Raubtiere wie Marder und Fuchs. Auch Luchse wurden vereinzelt gesichtet, und sogar der Wolf hat sich hier in ruhiger Abgeschiedenheit angesiedelt.

Der Wald ist mit seinen verschiedenen Baumarten sehr strukturreich sowie altersgemischt. Da schließt sich an einen jungen Buchenwald ein Eichenwald mit Bäumen, die über 180 Jahre alt sind, an. Ein Abschnitt ist seit 1973 als Naturwaldreservat geschützt. Hier ist der Wald seit mehr als 40 Jahren sich selbst überlassen und darf nicht betreten werden. Auf diese Weise kann sich ein vielfältiger Wald entwickeln, in dem unterschiedlichste Tierarten ihren Lebensraum finden. Egal, ob sie auf Totholz, junge Bäumchen oder eine besonnte Lichtung, die durch einen umgestürzten Baum geschaffen wurde, angewiesen sind.

Der Lüßwald lässt sich zu Fuß oder auch mit dem Rad erkunden, da viele befestigte Wege hindurchführen und die Rundtouren gut beschildert sind.

Adresse 29345 Südheide-Unterlüß | **Anfahrt** A 7 bis Abfahrt Soltau-Süd, B 3 Richtung Bergen, Richtung Wietzendorf abfahren, bei Reddingen links nach Faßberg, in Faßberg links auf Müdener Weg, im Kreisel erste Ausfahrt, weiter auf Hankenbosteler Straße, links nach Unterlüß, auf Hauptstraße bleiben und nach Sprakensehl / Weyhausen fahren, nach dem Ortsausgang liegt links der Parkplatz »Lüßwald« | **Tipp** Das Albert-König-Museum in Unterlüß wurde in dem ehemaligen Wohnhaus des Malers und Grafikers eingerichtet und zeigt verschiedene Kunstausstellungen (Albert-König-Straße 10).

98 Das Goldene Schiff

Relikt aus der glorreichen Hansezeit

Als sich im Mittelalter die niederdeutschen Kaufleute zum Bund der Hanse zusammenschlossen, um ihre Interessen im Fernhandel besser verfolgen zu können, war auch Uelzen mit von der Partie. Die bekannteste Exportware aus der Heidestadt war das Uelzener Leinen.

Aus dem Zusammenschluss der Kaufleute entwickelte sich ein Verbund von Hansestädten, in deren Reihe Uelzen zu den kleineren Partnern zählte. Dennoch wurde der Stadt, die Handelsbeziehungen ins Baltikum und nach Spanien unterhielt, die besondere Ehre zuteil, im Jahr 1470 den Hansetag auszurichten. Eine besondere Ehre deshalb, weil die jährlichen Treffen, bei denen die Beschlüsse des Städtebundes gefasst wurden, fast immer in Lübeck, der sogenannten Königin der Hanse, stattfanden.

Das Uelzener Leinen wurde aber auch durch ein Londoner Handelskontor nach Großbritannien verkauft. Mit diesem Handelspartner wird das heutige Wahrzeichen der Stadt – das Goldene Schiff – in Verbindung gebracht. Es handelt sich dabei um eine aus Kupferblech gefertigte Hansekogge, die vergoldet und mit Edelsteinen besetzt wurde. Ob das 62 Zentimeter hohe Schmuckstück als Geschenk der englischen Kaufleute nach Uelzen kam, ist jedoch nicht belegt. Es ist auch möglich, dass es nach der Schließung des Londoner Hansekontors Stalhof, das damals eine der vier wichtigsten Auslandsniederlassungen der Hanse war, im Jahr 1598 durch den Sohn des damaligen Bürgermeisters mitgebracht wurde.

Auch der frühere Verwendungszweck des Goldenen Schiffes ist nicht eindeutig belegbar. Es könnte als Tafelaufsatz, also zur Dekoration einer Festtafel, gedient haben oder aber zur Aufbewahrung von Reliquien genutzt worden sein. Für Letzteres spricht der Standort des Goldenen Schiffes, das in einer Mauernische der St.-Marien-Kirche im Herzen der Altstadt zu finden ist. Ein Duplikat wurde für das Uelzener Rathaus angefertigt.

Adresse An der Sankt-Marien-Kirche, 29525 Uelzen, www.st-marien-uelzen.wir-e.de | Anfahrt A 7 bis Abfahrt Soltau-Ost, B 71 nach Uelzen, in Uelzen links und auf B 71 bleiben, im Kreisel zweite Ausfahrt, links und auf Veerßer Straße bleiben, auf der linken Seite liegt die Marienkirche | Öffnungszeiten April–Okt. Mo–Sa 10–16.30 Uhr, So 14.30–16 Uhr, im Advent täglich 15–17 Uhr sowie zu Gottesdiensten | Tipp Wer in Uelzen ist, muss auch einmal den Bahnhof gesehen haben, den Friedensreich Hundertwasser in seinem typischen farbenfrohen Stil umgestaltet hat.

99 Die Ratsweinhandlung

Die älteste ihrer Art in ganz Mitteleuropa

Es muss zum Ende des 15. Jahrhunderts gewesen sein, als der Rat der Stadt Uelzen beschloss, dass ihm sein Rathaus zu klein geworden war. So ließ er sich um 1500 ein neues Haus, damals »Nige Huis« genannt, errichten. Es beherbergte fortan die Räumlichkeiten für den angenehmeren Teil der Ratsaufgaben. Als Tanz- und Hochzeitssaal diente es den Festlichkeiten des Rates. Aber auch die Bürger konnten hier ihre Feiern abhalten. Zu diesem Zweck war im neuen Gebäude auch die Ratsweinhandlung untergebracht, die im Keller Wein und Bier lagerte und zu den entsprechenden Anlässen ausschenkte. Da der Rat auch ohne Feierlichkeiten recht trinkfreudig zu sein schien, nutzte er die eigene Weinhandlung gern als »Hoflieferant«, wenn außerhalb des neuen Hauses getrunken wurde. Das belegen die Aufzeichnungen des damaligen Pächters aus dem Jahr 1587.

Noch heute befindet sich an diesem Standort eine Weinhandlung – auch wenn durch den großen Stadtbrand 1646 vom Ursprungsgebäude, das einst im gotischen Stil errichtet wurde, nur noch die Grundmauern und der rückwärtige Staffelgiebel erhalten geblieben sind. Das Obergeschoss wurde zügig wieder aufgebaut, und die bisherige Nutzung konnte fortgesetzt werden. Somit ist die Uelzener Ratsweinhandlung die älteste in Betrieb befindliche Weinhandlung Mitteleuropas.

Die Weine aus aller Welt lagern noch heute in dem historischen Gewölbekeller. Darüber hinaus gibt es selbst hergestellte Spirituosen sowie Feinkostspezialitäten. Das Veranstaltungsprogramm beinhaltet heute jedoch weniger Tanz- oder Hochzeitsveranstaltungen, sondern es geht etwas ruhiger zu. Es finden selbstverständlich regelmäßig Weinproben statt, es gibt aber auch Diskussionsabende und Lesungen. Letztere werden von der Werner-Bergengruen-Gesellschaft unter dem Titel »Weingeister-Lesungen« veranstaltet und sind stets mit hochklassigen Autoren besetzt.

Adresse Bahnhofstraße 42, 29525 Uelzen, www.ratsweinhandlung.com | **Anfahrt** A 7 bis Abfahrt Soltau-Ost, B 71 nach Uelzen, in Uelzen links und auf B 71 bleiben, im Kreisel zweite Ausfahrt, links und auf Veerßer Straße bleiben, zu Fuß links in Bahnhofstraße | **Öffnungszeiten** Di–Fr 10–18 Uhr, Sa 10–14 Uhr | **Tipp** Nach Uelzen sollte man unbedingt mittwochs oder samstags kommen, wenn von 7 bis 14 Uhr der Vitalmarkt – der Uelzener Wochenmarkt – mit vielen frischen Produkten aus der Region stattfindet.

100 Das Uhlenköperdenkmal

Eulen trägt man nicht nur nach Athen

Auch wenn das Stadtwappen ein blauer Löwe ziert: Die Eule ist das Tier, das sich im Uelzener Stadtbild weitaus häufiger findet und mit dem sich die Stadt identifiziert. Schließlich haben die Bürger ihrer Stadt den Beinamen »Uhlenköperstadt« gegeben. Dabei wird die Uhl, also die plattdeutsche Eule, wahlweise mit oder ohne h geschrieben. Wie es dazu kam, erklärt die Tafel am Uhlenköperdenkmal, das vor der Marienkirche, gegenüber der Ratsweinhandlung, steht.

Der Uhlenköpersage nach kam einst ein gerissener Bauer in die Stadt, auf dem Rücken einen Sack mit offenbar lebendigem Inhalt. Ein Kaufmann, dessen Laden er aufsuchte, wollte wissen, was sich im Sack befinde. Der Bauer antwortete etwas nuschelnd »Barftgans«, was der Kaufmann als »Barkhans« interpretierte. Schnell bot er dem Bauern einen anständigen Betrag Geld an, um die Birkhühner, die er im Sack glaubte, zu erwerben. Als er diese zu Hause voller Stolz seiner Frau präsentieren wollte, kamen aus dem Sack jedoch drei Eulen geflattert.

Um den Braten und sein Geld betrogen, brachte der Kaufmann den Fall vor Gericht. Dort erklärte der Bauer jedoch ganz gelassen, dass er offen und ehrlich gesagt hätte, was sich im Sack befand: Barftgans – auf Hochdeutsch Barfußgänger. Schließlich würden Eulen niemals Socken oder Schuhe tragen, so seine Begründung. Der Fall wurde mit einem Schmunzeln abgewiesen, und der Kaufmann war sich des Spotts der Leute gewiss.

Es zeugt von einem gesunden Maß an Selbstironie, dass die Uelzener sich nach dieser Sage selbst als Uhlenköper, also Eulenkäufer, bezeichnen. Schließlich wurde in der Geschichte der überhebliche Städter vom einfachen Bauern ordentlich ausgetrickst. Doch Uelzen hält an der Geschichte fest: Es gibt eine Uhlenköper-Apotheke und ein gleichnamiges Reisebusunternehmen. Einen Korn namens »De Ul im Sack« gibt es und mittlerweile wird auch wieder das »Uhlenbräu Pils« gebraut.

Adresse An der Sankt-Marien-Kirche, 29525 Uelzen | **Anfahrt** A 7 bis Abfahrt Soltau-Ost, B 71 nach Uelzen, in Uelzen links und auf B 71 bleiben, im Kreisel zweite Ausfahrt, links und auf Veerßer Straße bleiben, auf der linken Seite liegt die Marienkirche, das Denkmal liegt an dem kleinen Fußweg an der Nordseite der Kirche | **Tipp** Von Uelzen aus lohnt sich ein Ausflug zu Schloss Holdenstedt mit der benachbarten Wassermühle (März–Okt. Di–Sa 14.30–17 Uhr, So und Feiertage 11–17 Uhr).

101 Die St.-Magdalenen-Kirche

Ungewöhnlich und doch ganz typisch

Im Herzen der Nordheide, im kleinen Örtchen Undeloh, befindet sich eine Kirche, die für auswärtige Besucher recht ungewöhnlich aussehen mag. Ein hübsches Gebäude, halb Fachwerkhaus, halb aus Feldsteinen erbaut. Der Glockenturm aus dunklem Gehölz steht frei daneben. Doch für alteingesessene Heidedörfler ist sie damit eine ganz typische Vertreterin der kleinen Heidekirchen, wie man sie in der Region häufig vorfand. Und sie ist eine der ältesten ihrer Art.

Als sie vermutlich im späten 12. Jahrhundert errichtet wurde – Undeloh wurde erstmals 1188 erwähnt –, bestand sie noch vollständig aus Feldsteinen, die Wände bis zu einem Meter dick. Außerdem hatte sie keinen rechteckigen Grundriss, sondern einen halbrunden Chor. Im Dreißigjährigen Krieg wurde dieser zerstört und durch eine Fachwerkkonstruktion mit Ziegelsteinen ersetzt. Aus dem 17. Jahrhundert stammen auch Kanzel und Altaraufsatz sowie die Holzdecke im Inneren der Kirche. Der hölzerne Glockenturm daneben erinnert an solche, wie man sie häufig bei Dorfkirchen in Skandinavien, Schleswig-Holstein oder auch in der Nachbargemeinde Egestorf vorfindet. Eine solche Bauweise ist nicht nur unter statischen Gesichtspunkten einfacher, sondern wurde oftmals auch dann angewandt, wenn der Turm erst später errichtet wurde.

Im Undeloher Turm hängen noch zwei mittelalterliche Glocken von 1490 und 1508. Aber auch ein jüngeres Exemplar aus dem Jahr 1974 ist dabei, die gemeinsam mit den anderen beiden zweimal täglich zum Gebet und um zwölf Uhr mittags läutet. Auch außerhalb dieser Zeiten ist es nicht immer still im Gotteshaus. Denn wie die Kirchen im erwähnten Egestorf und in Raven ist die St.-Magdalenen-Kirche Spielstätte der Veranstaltungsreihe »Musik in alten Heidekirchen«. In den Sommermonaten finden im Wechsel wöchentliche Konzerte mit religiösem und weltlichem Hintergrund statt.

Adresse Wilseder Straße 2, 21274 Undeloh, www.kirche-undeloh.de | **Anfahrt** A 7 bis Abfahrt Egestorf, nach Egestorf, rechts Richtung Schätzendorf, links nach Sahrendorf, weiter nach Undeloh, die Kirche befindet sich links an der Ortsdurchfahrt | **Tipp** Alles Wissenswerte rund um die Heidelandschaften erfährt man im Heide-Erlebniszentrum am Ortsrand von Undeloh (Wilseder Straße 23, www.heide-erlebniszentrum.de).

102 Die Weseler Heide

Mehr Heide geht nicht

Das kleine Dörfchen Wesel liegt an der Straße zwischen Undeloh und Handeloh. Nördlich davon erstreckt sich die Weseler Heide. Die Besonderheit, die man hier finden kann, sind die kleinen Seen, die aneinandergereiht den angrenzenden Wald durchziehen und bis in die Heidelandschaft hineinreichen. Ihnen wird nachgesagt, dass Pastor Bode – der Begründer des Naturschutzparks in der Lüneburger Heide – seinerzeit oft hier gesessen und seine Predigten vorbereitet haben soll. Daher tragen sie den Namen Pastorenteiche. Ansonsten kann über die 350 Hektar große Heidefläche gesagt werden, dass sie durch ihre Anhöhen viele weitläufige Ausblicke über die Heide bietet.

Für Besucher, die nicht nur die Heidelandschaften genießen, sondern auch etwas über ihre Entstehung wissen möchten, ist die Weseler Heide ideal. Denn in der Ortsmitte von Wesel beginnt und endet ein sechs Kilometer langer Rundweg, der als Heidelehrpfad mit vielen wissenswerten Informationen über Entstehung und Erhalt der Heide angelegt ist. Wer ihm folgt, erfährt, dass die Lüneburger Heide auf die Heidebauern zurückgeht, die sich hier vor Jahrhunderten angesiedelt haben, um den Boden zu bewirtschaften. Dafür rodeten sie die dicht bewaldeten Flächen der Region und nutzten sie so lange, bis sie nicht mehr genügend Nährstoffe für den Ackerbau boten. Anschließend wuchs auf den nährstoffarmen Böden lediglich das anspruchslose Heidekraut.

Der Rundweg führt an einem reetgedeckten Schafstall vorbei und informiert darüber, dass die Ställe den Heidebauern zum Sammeln des Dungs dienten. So konnten sie wertvollen Dünger für ihre Felder gewinnen. Noch heute werden die Schafe so gehütet, dass sie ihren Kot im Stall hinterlassen. Dies dient mittlerweile jedoch zum Erhalt der Heide. Schließlich soll der Boden nicht gedüngt, sondern dauerhaft karg bleiben, damit weiterhin fast ausschließlich die Besenheide auf ihm wächst.

Adresse Weseler Dorfstraße, 21274 Undeloh-Wesel | **Anfahrt** A 7 bis Abfahrt Egestorf, nach Egestorf, rechts Richtung Schätzendorf, links nach Sahrendorf, weiter nach Undeloh, nach dem Ortsausgang Richtung Wesel liegt rechts ein Parkplatz (langsam fahren, um Auffahrt nicht zu verfehlen) | **Tipp** Es lohnt sich ein Spaziergang durch den schönen Ort mit seinen reetgedeckten Häusern, der ganz auf das Thema Heide eingestellt ist. Gemütlich einkehren kann man in einem der Cafés, wie zum Beispiel der »Teestube« (Zur Dorfeiche 15).

103 Das Kolibri-Haus

Weltweit einzigartig!

In der Lüneburger Heide gibt es mehrere außergewöhnliche Tierparks zu entdecken. Der Weltvogelpark Walsrode ist auf seine Art einzigartig, da er – wie der Name schon sagt – ausschließlich auf Vögel spezialisiert ist. Mit über 4.000 Tieren aus 675 Arten ist er der größte Vogelpark und zugleich einer der artenreichsten Zoos weltweit. In einer weitläufigen Parklandschaft befinden sich die Volieren, in denen es einige Vogelarten zu sehen gibt, die man in anderen Tierparks nur selten findet.

Eine echte Besonderheit ist das Kolibri-Haus, das 2012 zum 50-jährigen Parkjubiläum eröffnet wurde. Die kleinen Vögel werden nur in sehr wenigen Tierparks gehalten, da die Umgebung genau an ihre speziellen Bedürfnisse angepasst sein muss und die Haltung äußerst schwierig ist. In Walsrode hat man es jedoch geschafft: Die farbenfrohen Tiere, deren natürlicher Lebensraum ausschließlich in Nord- und Südamerika liegt, fühlen sich hier sehr wohl. So wohl, dass 2013 sogar die erste Nachzucht gelungen ist.

Und so gibt es in Walsrode die seltene Gelegenheit, die kleinsten und leistungsfähigsten Vögel der Welt, von denen es insgesamt über 330 verschiedene Arten gibt, aus nächster Nähe zu sehen. Je nach Art und Größe schlagen Kolibris zwischen 50- und 100-mal pro Sekunde mit den Flügeln. Dadurch sind sie nicht nur in der Lage, auf der Stelle oder seitwärts zu fliegen, sondern können sogar den Rückwärtsgang einlegen. Eine einzigartige Leistung, zu der nur Kolibris imstande sind.

Wer es schafft, sich von den beeindruckenden Winzlingen loszureißen, sollte sich die weiteren Highlights des Vogelparks nicht entgehen lassen: die 3.000 Quadratmeter große tropische Freiflughalle, in der keine Gitter oder Netze die Tiere von den Besuchern trennen. Oder die australische Erlebniswelt »Toowoomba«, wo man sogar Körperkontakt mit den freundlichen und handzahmen Lori-Papageien aufnehmen kann.

Adresse Am Vogelpark, 29664 Walsrode, www.weltvogelpark.de | **Anfahrt** A 7 bis Abfahrt Bad Fallingbostel, B 209 Richtung Walsrode, der Beschilderung zum Park folgen | **Öffnungszeiten** Mitte März–Okt. täglich ab 10 Uhr, Schließzeit saisonal wechselnd zwischen 17 und 19 Uhr gemäß Website | **Tipp** In der Zierkerzenschnitzerei Heide-Wachs in Walsrode kann man den Wachskünstlerinnen beim Bearbeiten der kunstvollen Kerzen über die Schultern schauen (Ebbinger Straße 1a).

104_Die FloraFarm

Ginseng statt Gerste

Der Helkenhof ist auf den ersten Blick ein typischer historischer Heidebauernhof mit Fachwerkfassade und Pferdeköpfen am Giebel. Es herrscht reger Cafébetrieb mit hausgebackenen Kuchen und kleinen Snacks – wie in vielen anderen ländlichen Betrieben. Doch auf den zum Hof gehörenden Feldern werden keine Kartoffeln, kein Weizen und keine Erdbeeren angebaut, sondern koreanischer Ginseng. Heinrich Wischmann führte bis Anfang 1980 einen klassisch norddeutschen landwirtschaftlichen Betrieb. Dann setzte er alles auf die asiatische Heilpflanze, von der es hieß, sie könne in Europa nicht kultiviert werden. Wischmann probierte aus, erlitt Rückschläge, versuchte es weiter und war erfolgreich.

Auf dem Helkenhof dreht sich seither alles nur noch um die Wurzeln, denen eine stärkende und ausgleichende Wirkung auf den Körper nachgesagt wird. Über neun Hektar sind die Ginseng-Gärten mittlerweile groß, und der Ginseng wird direkt auf dem Hof in Form von Kapseln, Wurzeln oder Kosmetik vermarktet. Wischmanns Tochter Gesine kümmert sich als Geschäftsführerin um den Vertrieb der Produkte unter der eigenen Marke FloraFarm, ihre Schwester Henrike ist als Landwirtin für den Anbau verantwortlich.

Wer die FloraFarm besucht, kann sich vor Ort nicht nur über die Produkte informieren und diese im Hofladen erwerben, sondern auch an einer kostenlosen Führung über die Felder teilnehmen. Gesine Wischmann und Henrike Rodemeier erklären den Besuchern bereitwillig alles Wissenswerte über den Anbau und die Wirkungsweise des Ginsengs, die Gründe dafür, dass in Deutschland nur koreanischer Ginseng als Heilmittel anerkannt ist, und warum der bei FloraFarm angebaute Ginseng hochwertiger ist als vergleichbare Produkte aus den USA. Anschließend kann man es sich im Hofcafé gemütlich machen und neben den norddeutschen Speisen mal einen ausgefallenen Ginseng-Tee oder ein Ginseng-Bier probieren.

Adresse Bockhorn 1, 29664 Walsrode-Bockhorn, www.florafarm.de | **Anfahrt** A 7 bis Abfahrt Bad Fallingbostel, B 209 Richtung Walsrode, links nach Düshorn, links nach Bockhorn, in Bockhorn links und Beschilderung folgen | **Öffnungszeiten** Shop: Mai–Sept. Mo–Fr 8–18 Uhr, Sa 9–18 Uhr, So und Feiertage 14–18 Uhr, Okt.–April Mo–Fr 8–18 Uhr, Sa 9–13 Uhr; Café: Mai–Sept. täglich 14–18 Uhr, Sa und So mit Führung durch die Gärten | **Tipp** Von Altenboitzen aus kann man eine Tour mit der Böhmetal-Kleinbahn unternehmen. Man kann mit der alten Lok »Wilde Erika« oder einer Draisine fahren (www.böhmetal-kleinbahn.de).

105_ Das Grundlose Moor

Nicht ohne Grund ein Naturparadies

Wenn man in der Lüneburger Heide einen Ort von absoluter Ruhe und unglaublicher Schönheit besuchen will, wird man nördlich von Walsrode fündig. Auf fast 300 Hektar erstreckt sich das Grundlose Moor, in dessen Mitte der Grundlose See liegt. Die Namensgebung kommt vermutlich von dem dunklen Wasserspiegel des Sees, der dadurch unendlich tief zu sein scheint. In Wirklichkeit sind es jedoch nur zwei Meter bis zum Grund. Die dunkle Färbung wird durch das sauerstoffarme Wasser hervorgerufen. Für Naturliebhaber ist das Grundlose Moor ein absolutes Muss. Nirgendwo sonst im Heidekreis findet man eine solch große und intakte Hochmoorlandschaft mit ihrer typischen Vegetation: Sonnentau und Wollgras sowie viele seltene, vom Aussterben bedrohte Pflanzen. Und natürlich die Torfmoose, aus denen sich das Hochmoor bildet. Sie fühlen sich dort wohl, wo die meisten Pflanzenarten nicht überleben können: auf Flächen, auf denen Regenwasser kaum abfließt.

Niedersachsen war einst die moorreichste Region in Mitteleuropa mit 3.300 Quadratkilometern Hochmoorflächen. Heute sind davon nur noch 250 übrig geblieben, die sich in naturnahem Zustand befinden. Auch das Grundlose Moor wurde einst für den Torfabbau genutzt, konnte sich jedoch wieder regenerieren. Dies ist besonders wichtig, da Moore dreimal so viel Kohlendioxid binden wie Wälder. Darum und weil sie für viele Tiere und Pflanzen ein wichtiges Biotop darstellen, stehen die meisten von ihnen unter Naturschutz.

Gebildet wurde das Grundlose Moor innerhalb von Tausenden von Jahren aus abgestorbenen Torfmoosteilen, die sich in der nährstoffarmen Umgebung nicht zersetzten. Der Grundlose See soll – so wird es vermutet – durch einen Meteoriteneinschlag entstanden sein. Um den See herum kann man herrlich ruhige Wanderungen unternehmen. Am Wegesrand gibt es Aussichtspunkte und Informationstafeln über die hier lebenden Tiere und Pflanzen.

Adresse 29664 Walsrode-Fulde | **Anfahrt** A 7 bis Abfahrt Bad Fallingbostel, B 209 nach Walsrode, im Ortskern der B 209 folgen, rechts auf Hermann-Löns-Straße, leicht rechts halten und auf Oskar-Wolff-Straße fahren, weiter bis Fulde, leicht rechts abbiegen zum Forsthof, bis zum Besucherparkplatz weiterfahren und zu Fuß ins Grundlose Moor | **Tipp** In Walsrode kommt man am Heidemuseum Rischmannshof in der Hermann-Löns-Straße vorbei, das eines der ältesten Freilichtmuseen Deutschlands ist. Im Löns-Zimmer werden Original-Besitztümer des Heidedichters sowie einige Erstausgaben ausgestellt (Tel. 05161/977270).

106_Das Lönsgrab

Die lange letzte Reise

Hermann Löns – Journalist, Dichter und Verehrer der Heidelandschaft. 1893 besuchte er erstmals die Lüneburger Heide. Seither ließ ihn diese Landschaft, die für ihn idealtypisch war, nicht mehr los. Er verfasste Gedichte, Erzählungen und Romane über die Heide und ist bis heute als Heidedichter bekannt. Walsrode war der erste Ort, den Löns in der Heide besuchte und dem er stets verbunden blieb. So dürfte es nach seinem Wunsch gewesen sein, dass seine sterblichen Überreste auf einer Heidefläche im Tietlinger Wacholderhain bei Walsrode beigesetzt wurden. Ein großer Findling mit seinem Namen kennzeichnet die Grabstätte. Es ist allerdings fraglich, ob die hier beerdigten Gebeine tatsächlich die des Dichters sind. Falls ja, hatten sie eine regelrechte Odyssee hinter sich, bevor sie 1935 an diesem schönen Ort ihre letzte Ruhe fanden.

Löns verstarb bereits im September 1914, nachdem er sich als Kriegsfreiwilliger gemeldet hatte, an der Front in der Nähe von Reims. Über den Verbleib und den Wiederfund seiner Gebeine in Frankreich gibt es widersprüchliche Aussagen. 1934 wurde jedoch eine bei einem Skelett gefundene Erkennungsmarke Löns zugeordnet. Eine Verifizierung, beispielsweise durch Untersuchung der Zähne, blieb dennoch aus.

Die Nationalsozialisten vereinnahmten Löns wegen der nationalistischen Anklänge in seinen Texten als ihren Vordenker. Sie wollten ihn daher feierlich in der Lüneburger Heide bestatten, taten sich aber mit der Auswahl des geeigneten Ortes schwer. Nach einigem Hin und Her drohte die Angelegenheit für das Regime peinlich zu werden, sodass Angehörige der SA den Sarg nachts aus der Friedhofskapelle, in der er aufgebahrt war, entführten und auf dem Privatgrundstück eines Gauleiters beisetzten. Ein Jahr später wurde er nochmals exhumiert und in einer würdevollen Veranstaltung an seinem heutigen Platz im Tietlinger Wacholderhain beerdigt.

Adresse 29683 Walsrode-Tietlingen | **Anfahrt** A 7 bis Abfahrt Bad Fallingbostel, B 209 Richtung Bad Fallingbostel, rechts nach Bad Fallingbostel (Düshorner Straße), links auf Am Wiethop, im Kreisel zweite Ausfahrt, danach rechts und sofort links auf Am Kreuzberg, links auf Tietlinger Lönsweg bis Tietlingen, beim Golfclub am Ortsausgang rechts zum Parkplatz und zu Fuß in den Tietlinger Wacholderhain | **Tipp** In Walsrode sollte unbedingt ein Besuch des Klosters auf dem Programm stehen. Da es noch bewohnt ist, kommt man in die Gebäude nur mit einer Führung (Zeiten auf www.kloster-walsrode.de).

107 Das Kloster Wienhausen

Einmaliges Gesamtensemble

Von den sechs erhaltenen mittelalterlichen Heideklöstern wird Wienhausen als das bedeutendste bezeichnet. Erstens aufgrund der Kunstschätze, die in dem 1230 gegründeten Zisterzienserinnenkloster ausgestellt werden. Es handelt sich um Objekte aus der 800-jährigen Klostergeschichte, darunter die ältesten Brillen der Welt. Zweitens wegen seiner gotischen Bildteppiche. Jedes Jahr findet nach Pfingsten die Teppichwoche statt, in der die Schmuckstücke bei einer Sonderführung besichtigt werden können. Danach bleiben sie bis zum Saisonende im Oktober hängen, und eine Audioführung vermittelt Informationen zu den Teppichen. Und drittens aufgrund seiner Architektur, denn Kloster Wienhausen ist ein herausragendes Ensemble der norddeutschen Backsteingotik. Bei einer Besichtigung kann der ab 1325 errichtete Nonnenchor als absoluter Höhepunkt gewertet werden. Denn die Wände und Gewölbe sind vollständig mit Malereien bedeckt, die Heiligenfiguren sowie Szenen aus biblischen Geschichten zeigen. Dieses vollständige Bildprogramm ist nördlich der Alpen einmalig.

Doch auch unabhängig von den Kunstschätzen, die sich in seinem Inneren befinden, ist Kloster Wienhausen absolut sehenswert. Die beiden rechtwinklig zueinander stehenden Treppengiebel des mittelalterlichen Konventsgebäudes sowie der Klosterkirche präsentieren sich dem Besucher auf den ersten Blick sehr eindrucksvoll. Der zweite Blick fällt auf das idyllische Umfeld mit vielen historischen Gebäuden und sehr viel Grün. Der angrenzende Klosterpark lädt zum Verweilen ein und erstreckt sich bis an die nördlich gelegene Aller. Vor dem Betreten des Klosterparks überquert man auf einer kleinen Brücke den Wienhausener Mühlenkanal. Er trieb die historische Wassermühle an, die sich im schmalen Fachwerkgebäude an der nächsten Kanalbrücke befand. Heute beherbergt das Haus eine private Kunstgalerie. Rund um das Kloster findet man außerdem mehrere nette Cafés und Restaurants.

Adresse An der Kirche 1, 29342 Wienhausen | **Anfahrt** A 7 bis Abfahrt Schwarmstedt, B 214 nach Celle, in Celle weiter auf B 214 Richtung Braunschweig, links nach Wienhausen, links zum Klosterparkplatz | **Öffnungszeiten** nur mit Führung (mehrmals täglich) zu besichtigen, Zeiten auf www.kloster-wienhausen.de | **Tipp** Der Findelhof im nahe gelegenen Bockelskamp ist für seine Flohmärkte, die Kleinkunstbühne im Kuhstall und andere Veranstaltungen bekannt (www.findelhof.de).

108 Das Erdölmuseum

Schwarzes Gold in der Heide

Saudi-Arabien, Russland oder USA. Das sind die Länder, die man mit dem Thema Erdölförderung assoziiert. Dass auch Deutschland einst zu den Pionieren der industriellen Erdölgewinnung zählte, ist heute fast vergessen. Die ersten Bohrungen fanden Mitte des 19. Jahrhunderts an der Nordsee in Dithmarschen und im Cellerland, in Wietze, statt. Die Erdölfelder unter den südlichsten Ausläufern der Heide erwiesen sich als besonders ergiebig, und so konnte zu Beginn des 20. Jahrhunderts mit den Fördermengen aus Wietze der Großteil – soll heißen bis zu 80 Prozent – der deutschen Nachfrage gedeckt werden, die damals natürlich noch nicht so hoch wie heute war. Dennoch standen die Förderanlagen ab 1963 aus wirtschaftlichen Gründen still und wurden sieben Jahre später Teil des deutschen Erdölmuseums.

Auf dem 18.000 Quadratmeter großen Außengelände oberhalb der Ölfelder sind noch einige Geräte und Maschinen an ihren ursprünglichen Standorten erhalten geblieben. Die Dauerausstellung in der Museumshalle gibt einen Einblick in die Erdöl- und Erdgasgewinnung von der Suche nach Lagerstätten bis zu den Formen der Weiterverarbeitung. Doch nicht nur Chemie-, Physik- und Geologiefans kommen im Museum auf ihre Kosten. Anschaulich wird gezeigt, wie viele unterschiedliche Alltagsprodukte aus Erdöl hergestellt werden. Von der Brotdose über den PVC-Fußboden bis zur synthetischen Kleidungsfaser – alles hat seinen Ursprung im Öl.

Und man erfährt auch, dass das Wietzer Öl genutzt wurde, schon lange bevor man mit der Förderung im großen Stil begann. Schon in der frühen Neuzeit – erstmals im Jahr 1652 dokumentiert – nutzten die Bauern der Umgebung das Erdöl, das in sogenannten Teerkuhlen zutage trat, für sich. Es wurde als Schmiermittel oder sogar Heilmittel eingesetzt. Gar nicht so ungewöhnlich, schließlich ist das schwarze Gold sogar heute noch häufig Bestandteil von Arzneimitteln und Kosmetika.

Adresse Schwarzer Weg 7–9, 29323 Wietze, www.erdoelmuseum.de | **Anfahrt** A 7 bis Abfahrt Schwarmstedt, B 214 Richtung Wietze, im Ortskern links auf Hornborsteler Straße, links auf Schwarzer Weg | **Öffnungszeiten** März–Nov. Di–So 10–17 Uhr, Juli, Aug. täglich 10–18 Uhr (letzter Einlass eine Stunde vor Schließung) | **Tipp** Ein Überbleibsel der Erdölförderung ist der Wietzer Ölberg, von dem aus man eine schöne Sicht auf die Umgebung hat. Er ist aus gewaschenem Ölsand, der aus dem Ölschacht befördert und anschließend aufgeschüttet wurde, entstanden (erreichbar über Schachtstraße).

109__Das WildLand

Innovatives Konzept in historischem Ambiente

Von außen könnte man fast meinen, man befände sich in einem Freilichtmuseum. Locker verstreut stehen die zehn historischen Häuser aus Fachwerk und Backstein auf dem 25.000 Quadratmeter großen, naturbelassenen Grundstück. Sie stammen aus dem 16. bis 19. Jahrhundert, wurden von ihrem ursprünglichen Standort nach Hornbostel gebracht und fügen sich harmonisch in das Umfeld des Dorfes ein. Hinter ihren Mauern verbirgt sich ein Hotelkonzept, das so stimmig und modern ist, das es seinesgleichen sucht.

Die Hotelzimmer und Ferienhäuser wurden mit ansprechender Architektur und nach baubiologischen Gesichtspunkten ausgebaut. Die Lehmbauweise sorgt für ein angenehmes Raumklima, die reduzierte und zeitlose Einrichtung für Behaglichkeit. Das Restaurant arbeitet ausschließlich mit Bioprodukten, die, wann immer es möglich ist, aus der Region bezogen werden. Die kreative Küche orientiert sich an den Produkten, die saisonal verfügbar sind, und ist daher immer frisch und besonders geschmackvoll.

Das WildLand hat aber nicht nur ein ansprechendes Hotel mit traumhaftem Außengelände und ein gutes Restaurant zu bieten. Für Gruppen gibt es vielfältige Aktivitäten, die individuell organisiert werden können. So kann man mit Freunden gemeinsam ein Floß bauen und eine Tour auf der Aller unternehmen. Oder man hält das Firmenmeeting beim zweitägigen Team-Camp im Tipi ab und übernachtet anschließend darin. Alternativ kann man zwischen Baumklettern, Bogenschießen, Meditation, einer Drum-Session und weiteren Angeboten wählen, die garantiert für ganz neue gemeinschaftliche Erfahrungen sorgen.

Sogar den schönsten Tag im Leben kann man komplett im WildLand verbringen. Das Standesamt hat hier eine Außenstelle, und es können kirchliche oder freie Zeremonien veranstaltet werden. Für die anschließende Feier, bei Bedarf mit Übernachtung, ist die Anlage ohnehin perfekt.

Adresse Am Moorberg 6, 29323 Wietze-Hornbostel, www.wildland.de | **Anfahrt** A 7 bis Abfahrt Schwarmstedt, B 214 Richtung Wietze, im Ortskern links auf Hornborsteler Straße, weiter auf Winsener Straße, zweimal links auf Dorfstraße, links auf Am Moorberg | **Öffnungszeiten** Hotel: ganzjährig, Restaurant: Mi–Sa ab 18 Uhr und nach Vereinbarung | **Tipp** Die nördlich gelegene »Hornbosteler Hutweide« wird nicht wie üblich durch Heidschnucken beweidet und gepflegt, sondern durch Przewalski-Pferde – eine echte Wildpferdrasse – und durch das Heckrind, einen Verwandten des Auerochsen.

110_Die Stechinelli-Kapelle

Eine Kapelle im profanen Gewand

Bei einer Reise nach Rom im Jahr 1655 lernte Herzog Georg Wilhelm – der letzte Regent des Fürstentums Lüneburg – den 15-jährigen Adelsspross Francesco Maria Capellini kennen. Er nahm sich des Jungen an, der wegen seiner dürren Beine nur Stechinelli genannt wurde, abgeleitet vom italienischen Wort für Zahnstocher. Er ließ den Jungen ausbilden und machte ihn zu seinem Kammerdiener. Zehn Jahre später, als der Herzog nach Celle umzog, begann der märchenhafte Aufstieg Stechinellis, der in unsagbaren Reichtum mündete.

Mit dem Monopol als Wein- und Tuchhändler ausgestattet, begann er Häuser und Grundstücke zu erwerben und vermietete oder verkaufte sie anschließend mit Gewinn. Später wurde er zum herzoglichen Erbpostmeister ernannt und wiederum einige Jahre später vom Kaiser in den Reichsadelsstand erhoben.

Als Sommerresidenz hatte Stechinelli das Gut Wieckenberg erworben. Da er in der besonderen Gunst des Herzogs stand, hatte er im reformierten Fürstentum die Erlaubnis erhalten, sich auf dem Gut eine katholische Kirche zu errichten. Auflage war jedoch, dass sie von außen nicht als solche erkennbar sei. Daher hat die Stechinelli-Kapelle äußerlich die Gestalt eines Bauernhauses. Im Inneren entfaltet sich jedoch ihre ganze Pracht. In italienischem Barock gehalten, findet man hier einen reich verzierten Altar, Deckenmalereien, Apostelfiguren und eine Taufschale, die von einem schwebenden Engel gehalten wird. Links vom Altar befindet sich die Gutsherren-Prieche. Hier konnten die Herrschaften separiert von der Gemeinde am Gottesdienst teilnehmen. Stechinelli verstarb jedoch 1694, fünf Jahre bevor die Kapelle fertiggestellt wurde. Danach wurde sie, wie es sein Wunsch war, protestantisch geweiht.

Noch heute findet hier ein monatlicher Gottesdienst statt. Außerdem öffnet sich die Kirche für Festgottesdienste, Konzerte, Führungen und angemeldete Pilger.

Adresse Stechinellistraße 11, 29323 Wietze-Wieckenberg, www.kirche-wietze.de | **Anfahrt** A 7 bis Abfahrt Schwarmstedt, B 214 Richtung Wietze, im Ortskern rechts auf Wieckenberger Straße, links auf Stechinellistraße | **Öffnungszeiten** von außen jederzeit zugänglich, Führungen auf Anfrage im Kirchenbüro unter Tel. 05146/8443 | **Tipp** Direkt gegenüber der Stechinelli-Kapelle liegt der malerische Büchtmannshof mit seinem Hofcafé.

111 Die Meißendorfer Teiche

Beeindruckendes Naturschau- und -hörspiel

Eigentlich müsste man in die Luft steigen, um die Ausmaße und das ungewöhnliche Erscheinungsbild der Meißendorfer Teiche erfassen zu können. Doch auch am Boden geblieben kann man die faszinierende Schönheit dieses Naturschutzgebietes erleben. Von 815 Hektar sind mehr als die Hälfte Wasserflächen. Die 60 Teiche sind größtenteils nur durch schmale, aber meist bewaldete Grünstreifen voneinander getrennt. Der größte von ihnen ist der Hüttensee, der optisch eine Einheit mit den Meißendorfer Teichen bildet, aber nicht zum Naturschutzgebiet gehört. Er ist durch die ringförmige Insel, die mitten auf der Wasserfläche liegt, erkennbar.

Die Entstehung der Wasserlandschaft ist auf das benachbarte Gut Sunder mit seinem wunderschönen Fachwerk-Herrenhaus zurückzuführen. 1881 begann der damalige Gutsherr von Schrader im gutseigenen Teich mit der Fischzucht und ließ im Laufe der Zeit immer mehr Teiche anlegen. Schon bald entwickelte sich daraus die größte Karpfenzucht in Norddeutschland. Die Teichwirtschaft wurde in den 1970er Jahren eingestellt und das Gut 1980 an den Vogelschutzbund, den heutigen NABU, verkauft. Mittlerweile leben in den Teichen wesentlich mehr Fischarten als nur der Karpfen. Die größte Vielfalt bietet aber die reiche Vogelwelt, die sich im Naturschutzgebiet angesiedelt hat. Rund 130 verschiedene Arten brüten hier, von denen viele im Bestand gefährdet sind. Sogar der Seeadler hat sich 1995 erstmals wieder hier angesiedelt. Aber auch für circa 40 Libellen- und sagenhafte 400 Schmetterlingsarten stellt die Teichlandschaft ein wichtiges Biotop dar.

Auf Gut Sunder ist das NABU-Zentrum mit seiner interaktiven Wildtier-Ausstellung sehenswert. Von dort aus führt ein Wanderweg rund um den Hüttensee. Wer auf dieser Tour allerdings absolute Stille erwartet, irrt sich gewaltig: Wenn Tausende Vögel mehr oder weniger intensiv miteinander kommunizieren, kann es – auf angenehme Weise – ganz schön laut werden.

Adresse Sunder 1, 29308 Winsen (Aller) | **Anfahrt** A 7 bis Abfahrt Westenholz, Richtung Westenholz, weiter nach Osterheide, rechts Richtung Winsen, rechts nach Winsen abbiegen, rechts auf Breliendammer Weg, links zum Gut Sunder abbiegen | **Tipp** Auch ein Spaziergang durch den Ortskern von Winsen lohnt sich. Hier gibt es schöne historische Bauten, wie das Rathaus, die St.-Johannes-Kirche, die Bockwindmühle oder den Museumshof, zu entdecken.

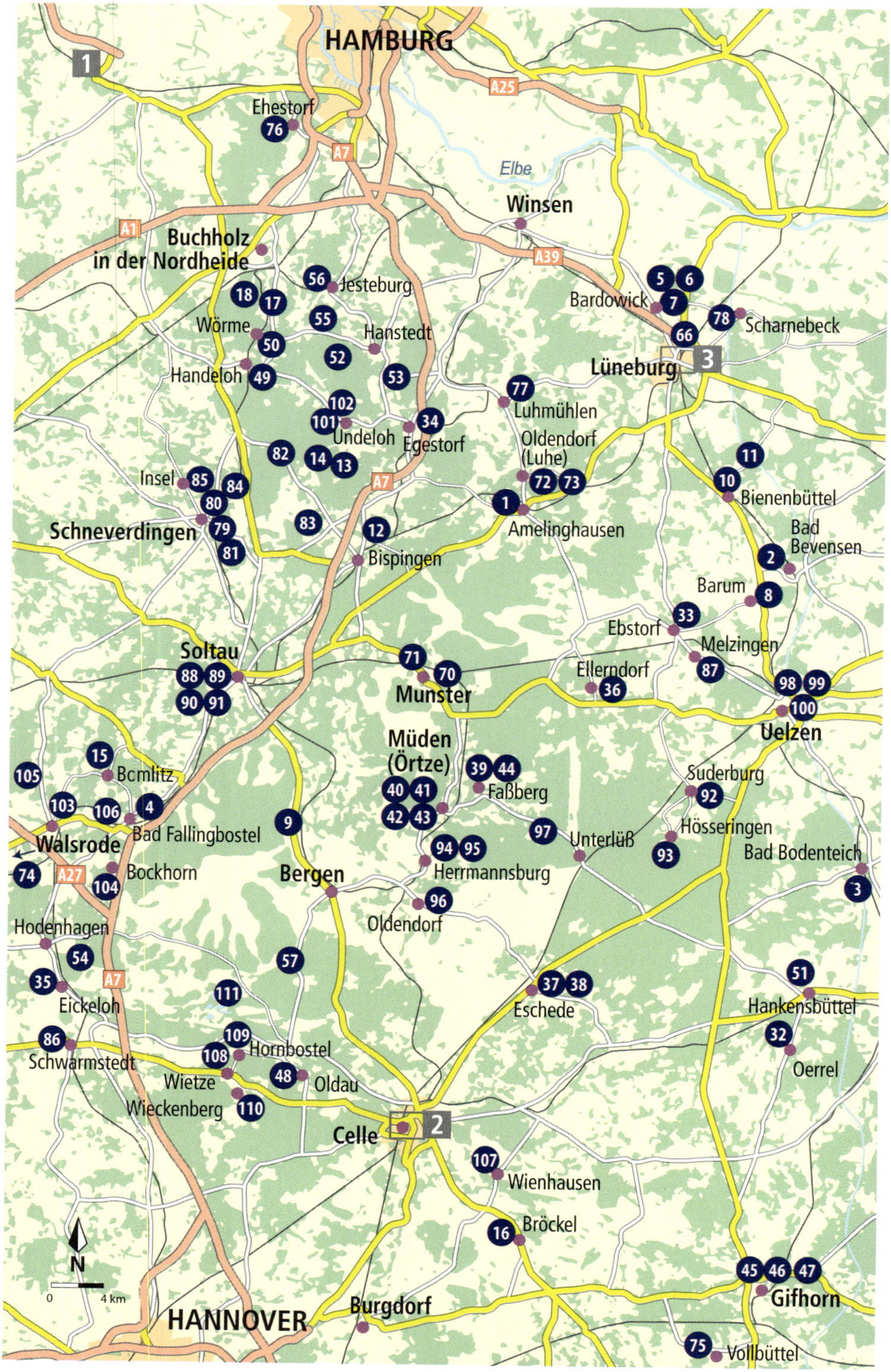
HAMBURG
Ehestorf
A25
A7
Elbe
Winsen
A1
Buchholz in der Nordheide
A39
Jesteburg
Bardowick
Scharnebeck
Wörme
Hanstedt
Handeloh
Lüneburg
Luhmühlen
Undeloh
Egestorf
Oldendorf (Luhe)
Insel
Bienenbüttel
Schneverdingen
Amelinghausen
Bad Bevensen
Bispingen
Barum
Ebstorf
Melzingen
Soltau
Ellerndorf
Munster
Uelzen
Müden (Örtze)
Bomlitz
Suderburg
Faßberg
Walsrode
Bad Fallingbostel
Hösseringen
Unterlüß
Bad Bodenteich
A27
Bockhorn
Bergen
Herrmannsburg
Hodenhagen
Oldendorf
Eickeloh
Eschede
Hankensbüttel
Hornbostel
Schwarmstedt
Oerrel
Wietze
Oldau
Wieckenberg
Celle
Wienhausen
Bröckel
N
0
4 km
Gifhorn
HANNOVER
Burgdorf
Vollbüttel

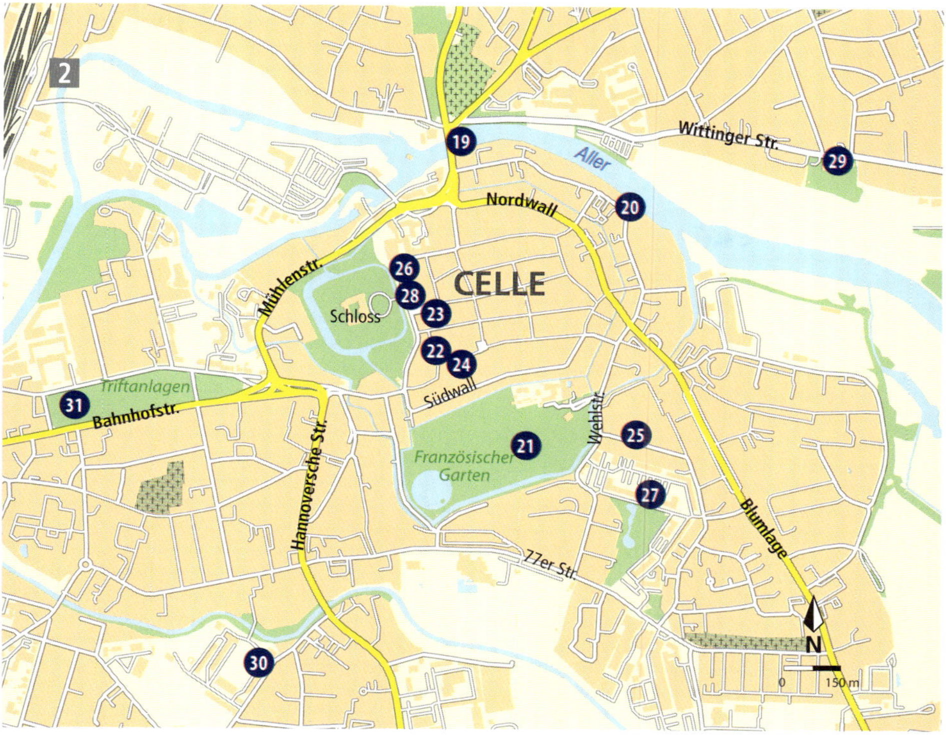
2
CELLE
Wittinger Str.
Aller
Nordwall
Mühlenstr.
Schloss
Triftanlagen
Bahnhofstr.
Südwall
Wehlstr.
Französischer Garten
Hannoversche Str.
Blumlage
77er Str.
19
20
21
22
23
24
25
26
27
28
29
30
31
N
0
150 m

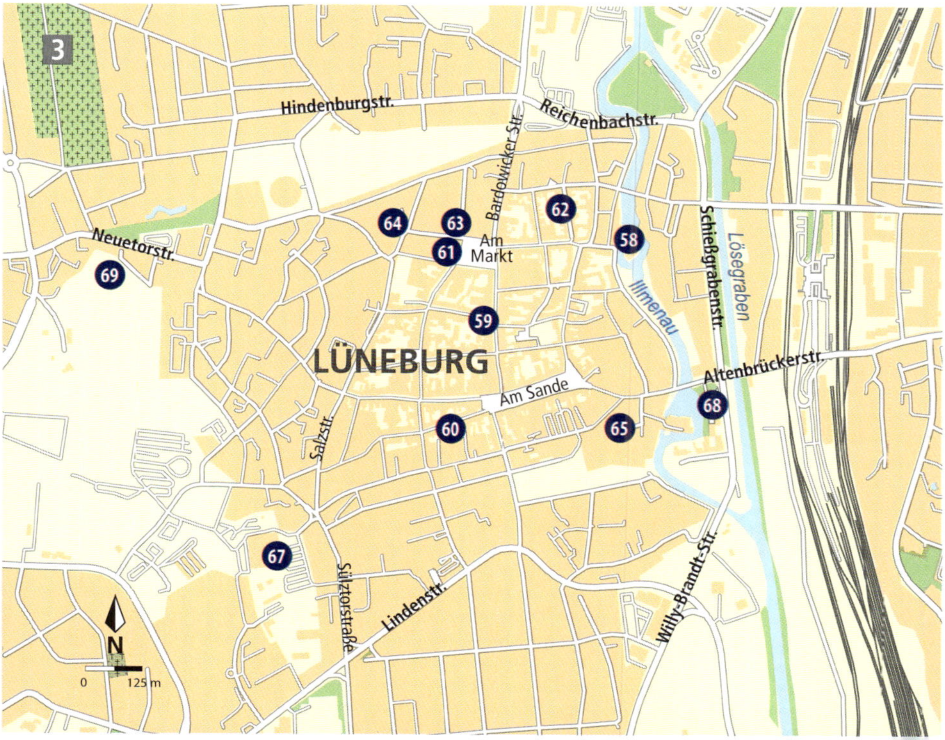
3
LÜNEBURG
Hindenburgstr.
Reichenbachstr.
Bardowicker Str.
Neuetorstr.
Am Markt
Schießgrabenstr.
Lösegraben
Ilmenau
Altenbrückerstr.
Am Sande
Salzstr.
Sülztorstraße
Lindenstr.
Willy-Brandt-Str.
58
59
60
61
62
63
64
65
67
68
69
N
0
125 m

Entdecken Sie viele weitere spannende und ungewöhnliche Titel der 111er-Reihe:

111

Alexandra Schlennstedt,
Jobst Schlennstedt
111 Orte an der Ostseeküste, die man gesehen haben muss
ISBN 978-3-89705-824-8

Alexandra Schlennstedt,
Jobst Schlennstedt
111 Orte an der Ostseeküste Mecklenburg-Vorpommerns, die man gesehen haben muss
ISBN 978-3-95451-332-1

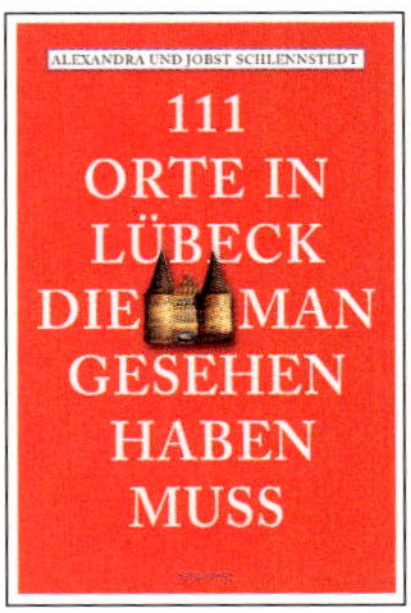

Alexandra Schlennstedt,
Jobst Schlennstedt
111 Orte in Lübeck, die man gesehen haben muss
ISBN 978-3-95451-564-6

Vito von Eichborn
111 Orte zwischen Lübeck und Kiel, die man gesehen haben muss
ISBN 978-3-95451-339-0

Dorothee Fleischmann,
Carolina Kalvelage
111 Orte in Budapest, die man gesehen haben muss
ISBN 978-3-95451-744-2

Floriana Petersen
111 Orte in San Francisco, die man gesehen haben muss
ISBN 978-3-95451-750-3

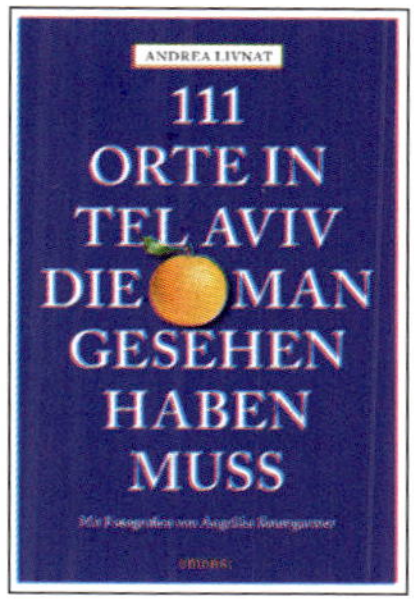

Andrea Livnat,
Angelika Baumgartner
111 Orte in Tel Aviv, die man gesehen haben muss
ISBN 978-3-95451-703-9

Oliver Schröter, Falk Saalbach
111 Orte in Zürich, die man gesehen haben muss
ISBN 978-3-95451-538-7

Cornelia Lohs
111 Orte in Bern, die man gesehen haben muss
ISBN 978-3-95451-669-8

Giulia Castelli Gattinara,
Mario Verin
111 Orte in Mailand, die man gesehen haben muss
ISBN 978-3-95451-617-9

Cornelia Ziegler,
Chris Sindermann
111 Orte auf Kreta, die man gesehen haben muss
ISBN 978-3-95451-540-0

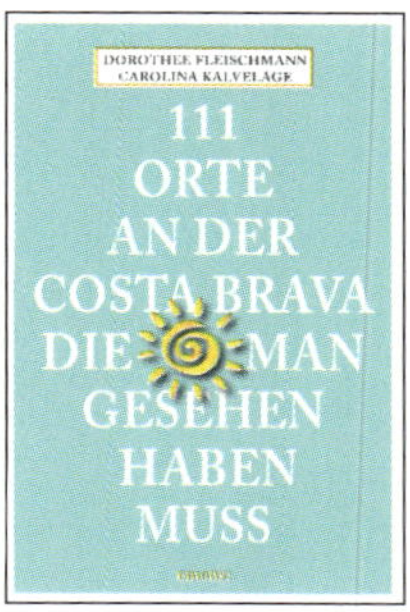

Dorothee Fleischmann,
Carolina Kalvelage
111 Orte an der Costa Brava, die man gesehen haben muss
ISBN 978-3-95451-561-5

Jo-Anne Elikann
111 Orte in New York, die man gesehen haben muss
ISBN 978-3-95451-512-7

Ralf Nestmeyer
111 Orte an der Côte d'Azur, die man gesehen haben muss
ISBN 978-3-95451-563-9

Thomas Fuchs
111 deutsche Biere, die man getrunken haben muss
ISBN 978-3-95451-414-4

Rüdiger Liedtke,
Laszlo Trankovits
111 Orte in Kapstadt, die man gesehen haben muss
ISBN 978-3-95451-456-4

Gerd Wolfgang Sievers
111 Orte in Venedig, die man gesehen haben muss
ISBN 978-3-95451-352-9

Eckhard Heck
111 Orte in Maastricht, die man gesehen haben muss
ISBN 978-3-95451-368-0

Petra Sophia Zimmermann
111 Orte am Gardasee und in Verona, die man gesehen haben muss
ISBN 978-3-95451-344-4

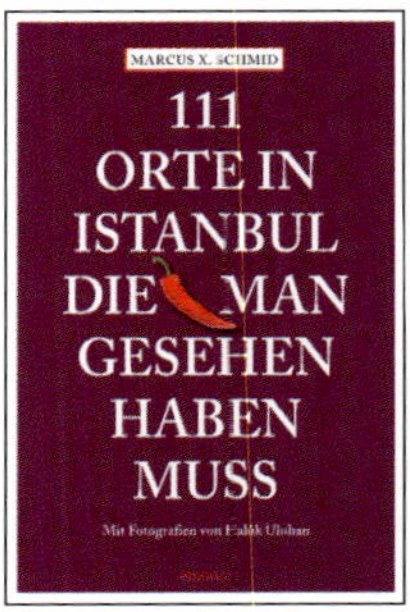

Marcus X. Schmid,
Halûk Uluhan
111 Orte in Istanbul, die man gesehen haben muss
ISBN 978-3-95451-333-8

Christiane Bröcker,
Babette Schröder
111 Orte in Stockholm, die man gesehen haben muss
ISBN 978-3-95451-203-4

Oliver Schröter
111 Orte für echte Männer, die man gesehen haben muss
ISBN 978-3-95451-228-7

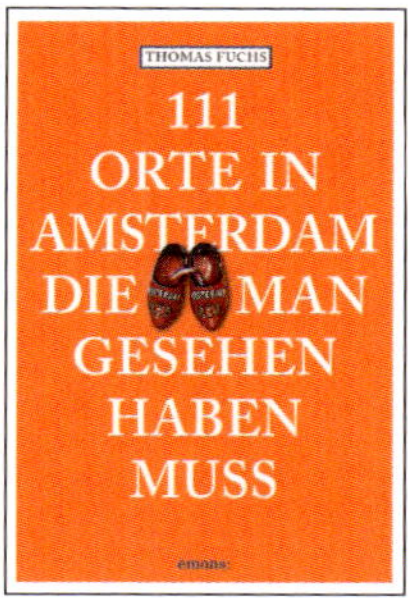

Thomas Fuchs
111 Orte in Amsterdam, die man gesehen haben muss
ISBN 978-3-95451-209-6

Annett Klingner
111 Orte in Rom, die man gesehen haben muss
ISBN 978-3-95451-219-5

John Sykes, Birgit Weber
111 Orte in London, die man gesehen haben muss
ISBN 978-3-95451-117-4

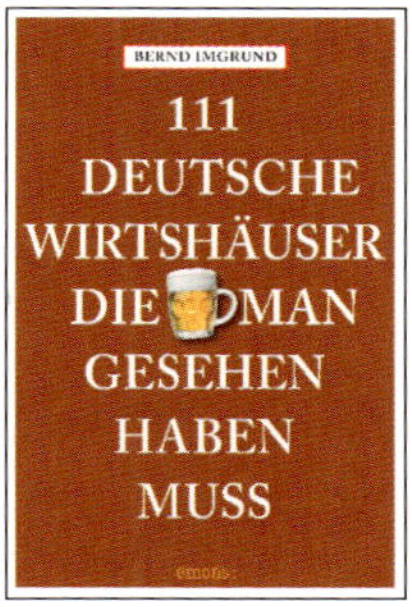

Bernd Imgrund
111 deutsche Wirtshäuser, die man gesehen haben muss
ISBN 978-3-95451-080-1

Susanne Thiel
111 Orte in Madrid, die man gesehen haben muss
ISBN 978-3-95451-118-1

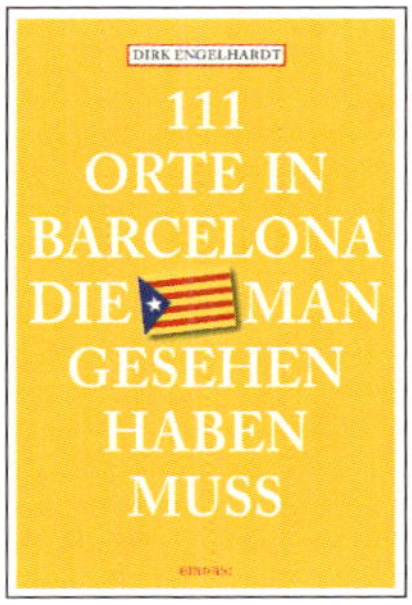

Dirk Engelhardt
111 Orte in Barcelona, die man gesehen haben muss
ISBN 978-3-95451-066-5

Stefan Spath
111 Orte in Salzburg, die man gesehen haben muss
ISBN 978-3-95451-114-3

Ralf Nestmeyer
111 Orte in der Provence, die man gesehen haben muss
ISBN 978-3-95451-094-8

Peter Eickhoff, Karl Haimel
111 Orte in Wien, die man gesehen haben muss
ISBN 978-3-89705-969-6

Rike Wolf
111 Orte in Hamburg, die man gesehen haben muss
ISBN 978-3-89705-916-0

Rüdiger Liedtke
111 Orte auf Mallorca, die man gesehen haben muss
ISBN 978-3-89705-975-7

Lucia Jay von Seldeneck,
Verena Eidel, Carolin Huder
111 Orte in Berlin, die man gesehen haben muss
ISBN 978-3-89705-853-8

Rüdiger Liedtke
111 Orte in München, die man gesehen haben muss
ISBN 978-3-89705-892-7

Lucia Jay von Seldeneck,
Verena Eidel, Carolin Huder
111 Orte in Berlin, die man gesehen haben muss
Band 2
ISBN 978-3-95451-207-2

Bernd Imgrund,
Britta Schmitz
111 Kölner Orte, die man gesehen haben muss
Band 1
ISBN 978-3-89705-618-3

Bernd Imgrund,
Britta Schmitz
111 Kölner Orte, die man gesehen haben muss
Band 2
ISBN 978-3-89705-595-4

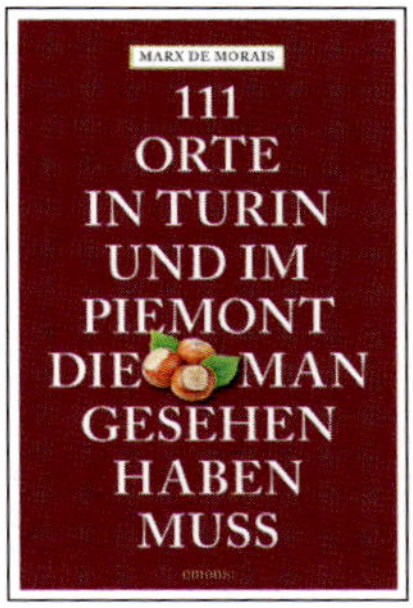

Marx de Morais
111 Orte in Turin und im Piemont, die man gesehen haben muss
ISBN 978-3-95451-736-7

Mercedes
Korzeniowski-Kneule
111 Orte in Basel, die man gesehen haben muss
ISBN 978-3-95451-702-2

Die Autoren

Alexandra Schlennstedt, geboren in Siebenbürgen und aufgewachsen in Baden-Württemberg, studierte Geografie in Bayern und fand 2004 in Lübeck ihre neue Heimat. Der Spaß am Recherchieren und Texten brachte sie dazu, ihren Arbeitsalltag im PR- und Marketingbereich durch die Tätigkeit als Emons-Autorin in der 111-Orte-Reihe zu ergänzen.

Jobst Schlennstedt wurde 1976 in Herford geboren. Bis zum Beginn seines Geografiestudiums an der Universität Bayreuth blieb er der Stadt treu. Seit Anfang 2004 lebt er in Lübeck. 2008 veröffentlichte er seinen ersten Küsten Krimi im Emons Verlag. In den 111-Orte-Büchern ist Jobst Schlennstedt ausnahmsweise nicht fürs Texten, sondern für die Fotoaufnahmen verantwortlich.